壳丘头遗址群
出土文物集萃

平潭综合实验区旅游与文化体育局
中国社会科学院考古研究所
厦门大学历史与文化遗产学院　编
福　建　博　物　院
福建省考古研究院
平潭国际南岛语族研究院

海峡出版发行集团 | 海峡文艺出版社

图书在版编目(CIP)数据

壳丘头遗址群出土文物集萃/平潭综合实验区旅游与文化体育局,中国社会科学院考古研究所,厦门大学历史与文化遗产学院,福建博物院,福建省考古研究院,平潭国际南岛语族研究院编. —福州:海峡文艺出版社,2024.12
ISBN 978-7-5550-3977-8

Ⅰ.K878.02

中国国家版本馆 CIP 数据核字第 2024KG7399 号

壳丘头遗址群出土文物集萃

平潭综合实验区旅游与文化体育局	
中国社会科学院考古研究所	
厦门大学历史与文化遗产学院	编
福 建 博 物 院	
福 建 省 考 古 研 究 院	
平 潭 国 际 南 岛 语 族 研 究 院	

出 版 人　林　滨
责任编辑　朱墨山
出版发行　海峡文艺出版社
经　　销　福建新华发行(集团)有限责任公司
社　　址　福州市东水路 76 号 14 层
发 行 部　0591—87536797
印　　刷　福建东南彩色印刷有限公司
厂　　址　福州市金山浦上工业区冠浦路 144 号
开　　本　889 毫米×1194 毫米　1/16
字　　数　250 千字
印　　张　13.5
版　　次　2024 年 12 月第 1 版
印　　次　2024 年 12 月第 1 次印刷
书　　号　ISBN 978-7-5550-3977-8
定　　价　226.00 元

如发现印装质量问题,请寄承印厂调换

《壳丘头遗址群出土文物集粹》编委会

顾　问　赖　军　黄建波　傅柒生
主　任　陈训明
副主任　魏长春　王永平　范雪春　楼建龙　周振宇　张闻捷
编　委　游建斌　高李杰　陈　盛　丁清华

《壳丘头遗址群出土文物集萃》编写组

主　编　周振宇　张闻捷　羊泽林
编　写　黄运明　危长福　王晓阳　周　兵　李水常　黄艳敏
　　　　李晓君　吴兰平　陈　亮　林凤英　林　博　刘军祥

序

傅柒生

　　海洋文明是中华文明不可或缺的重要组成，中华海洋文明对世界文明具有重大的贡献，而福建的海洋文明正是其中一朵最瑰丽的奇葩。我国东南沿海的史前文化与南岛语族的关系一直是太平洋地区考古学、人类学和语言学等领域的研究焦点。近几年来，福建的史前考古成果进一步深化了学术界对我国东南沿海地区史前人群，利用海洋资源、史前农业文化向东南亚及太平洋扩散历程的认识，其中，以距今7500~3000年壳丘头遗址群为代表的平潭史前文化，为探索南岛语族起源与扩散提供了重要线索。

　　福建史前考古研究工作在对南岛语族起源与扩散的研究上取得了丰硕的成果，这些考古成果反映了我国东南沿海地区史前人群"深耕大陆、开发海洋"的文化特征，不仅完善了我国东南沿海地区考古学文化的时空框架，还揭示出福建地区的原南岛语族先民的文化特征、生计模式、社会结构变迁及发展规律，是闽台同根同源、多元一体中华文明的有力见证。以壳丘头遗址群为代表的平潭史前文化，从20世纪50年代发现至今历经半个多世纪的多学科研究，构建出福建东部沿海地区史前海岛考古学文化年代序列及发展谱系，向世人展现我国丰富多彩的史前海洋文化内涵，有力支撑了南岛语族起源大陆说中的"东南沿海说"，验证了福建是南岛语族的重要起源地，也是世界海洋文明的发端之一。

　　学术研究的成果是历代学者智慧与汗水的结晶，壳丘头博物馆的落成开馆，不仅成为连接过去与未来的桥梁，更是展示中华文明海洋篇章的重要窗口，是传承和弘扬福建史前海洋文明的辉煌成就的重要窗口和舞台，相信它将会让更多国内外专家学者共聚一堂，深入探讨海洋文明的奥秘，促进学术研究的深入交流与合作，进一步推动中华海洋文明在全球范围内的传播与影响力。壳丘头博物馆的建立，既是对福建史前文明的崇高致敬，也是对中华海洋文明源远流长、博大精深的生动演绎，激励着后人不断探索海洋的奥秘、保护海洋文化遗产，携手共创人类文明的新辉煌。

　　于是，我们更加坚信——福建看海洋文明，我们也更加自信——海洋文化看福建。诚然与否？！

（作者系福建省文化和旅游厅副厅长、福建省文物局局长、福建博物院院长，研究员）

目录

福建平潭壳丘头遗址群考古发现及其意义

　　　　　　　　　　　　　　　周振宇 / **1**

西营遗址 / **11**

12　　石器

21　　骨器

27　　陶器

壳丘头遗址 / **67**

68　　玉、石器

84　　骨器

89　　角器

94　　贝器

95　　陶器

东花丘遗址 / **145**

146　石器

152　陶器

龟山遗址 / **169**

170　石器

175　陶器

福建平潭壳丘头遗址群考古发现及其意义

周振宇

距今约6000~4500年的台湾大坌坑文化被认为是南岛语族早期人群的代表性遗存，因平潭壳丘头文化与之存在诸多相似，福建沿海地区被认为是南岛语族早期人群形成和向台湾扩散的重要出发地。围绕该研究领域，2016年以来中国社会科学院考古研究所、福建省考古研究所、厦门大学、平潭综合实验区文博机构以平潭岛为核心，在福建沿海地区合作开展史前考古工作。2021年，国家文物局指导设立南岛语族研究相关的"考古中国"重大项目，意在以面向海洋的视野，揭示多元一体的中华文明形成和早期发展的宏大进程，及其对周边地区的深远影响。在此背景下，多个单位联合对壳丘头遗址群开展了系统、科学地考古调查、发掘和研究工作，取得重大收获。

通过对壳丘头遗址群持续系统的考古工作，建立了东南沿海岛屿地区7500~3000年考古学文化序列，各阶段考古遗存的文化面貌特征明确，发展延续关系明显，存续多个考古学文化，形成了完整的考古学文化发展序列。不同时期的居址空间利用模式揭示了该地区7000年以来的史前聚落形态及其变化发展规律。珍贵的人骨遗骸、丰富的海陆生动物遗存，以及确凿的农业证据反映出沿海史前早期人群多样化的生计模式，兼具大陆性和海洋性特征，这种特点贯穿7000年以来的各个时期。

以平潭壳丘头遗址群考古重大发现为代表的南岛语族考古研究新进展，有力促进了我国东南沿海史前考古学文化序列的构建，为我们探究早期南岛语族人群特征、生计模式、迁徙规律提供了坚实的考古学材料。南岛语族起源与扩散的考古学研究是探索中华文明海洋性的起源和早期发展的重要内容，意在以面向海洋的视野，揭示多元一体的中华文明形成和早期发展的宏大进程，及其对周边地区的深远影响。

壳丘头遗址群所处的平潭综合实验区位于闽中沿海，东濒台湾海峡，西临海坛海峡，邻近闽江河口区，与大陆间海峡宽度为5—10千米，处于南亚热带气候区北部，接近南亚热带和中亚热带气候区分界线附近。平潭综合实验区由6个岛屿组成，其主岛海坛岛（又称平潭岛）系福建省第一大岛，面积267.13平方千米。该岛地貌类型复杂多样，以丘陵、台地和滨海平原为主，包含侵蚀剥蚀圆缓低丘陵、红土台地、海积平原和风积垄地等，因此第四纪地层分布广泛。岛内东北、西北、西南部地势高，为丘陵集中分布区；中部低，以平原、台地为主。岛上主要岩体为白垩系石帽山流纹岩、熔结凝灰岩、燕山期花岗闪长岩等。晚更新世末期，海坛岛的海面高度及古海岸线均与现代基本相似，由出露的连岛沙洲将几个基岩山丘连接成一个统一岛屿；早全新世初期，随着冰后期气候转暖，海坛岛的平原地带迅速成为水深为40—50米的浅海环境；进入晚全新世，随着海面的下降，众多的孤岛再次连结成一个统一的大岛，海坛岛转为陆相环境。壳丘头遗址群位于海坛岛北部，遗址均分布于海拔10~20米的台地，沿海岸山体东麓被风坡地连续分布，包括西营、壳丘头、东花丘、龟山等遗址（图1）。近年系统的考古工作取得的具体认识如下：

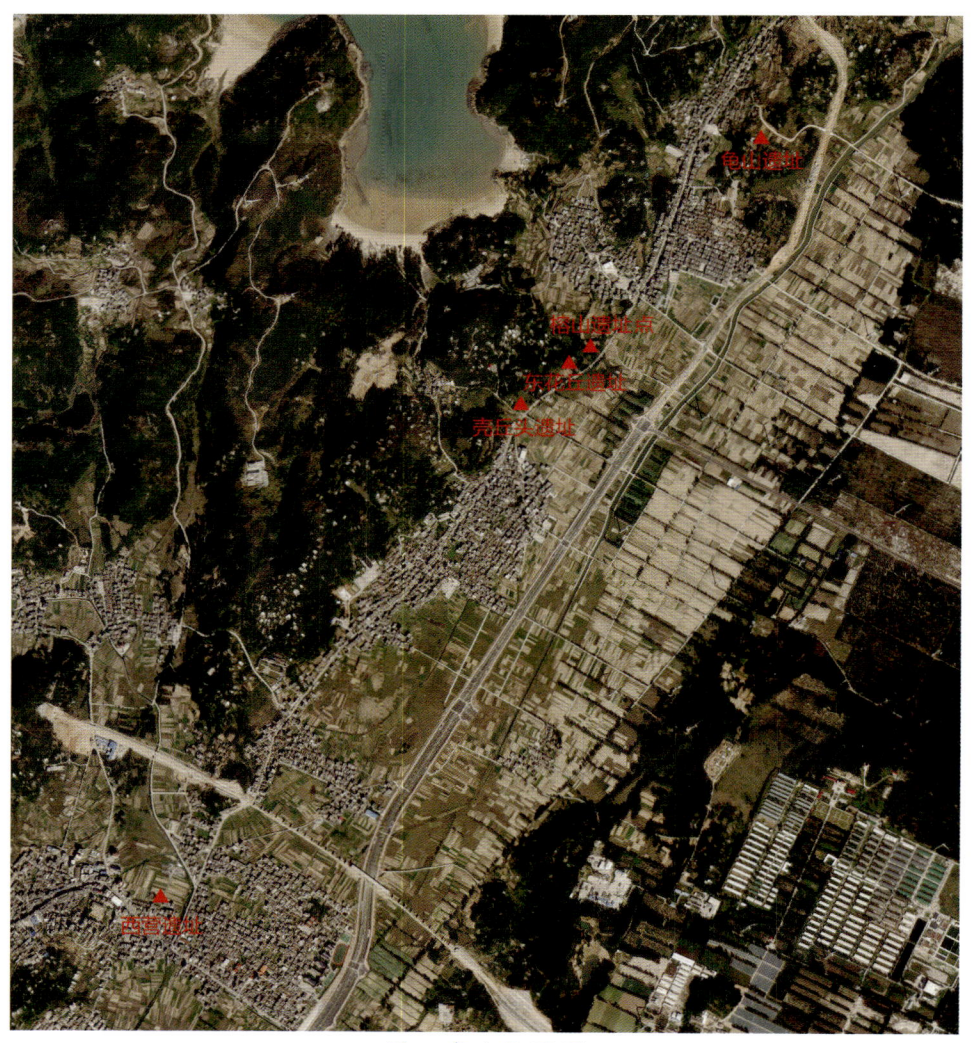

图1 遗址位置图

一、建立东南沿海岛屿地区 7500~3000 年考古学文化序列

西营遗址距今约 7500~6500 年,代表了目前平潭岛最早的新石器时代遗存。陶器以夹砂灰陶、黑陶、红陶等为主,可复原器有圜底釜、钵等,器身饰以绳纹、弦纹等,口沿内壁饰多线刻划纹、贝齿印纹等(图2)。

图 2 西营遗址陶器

壳丘头遗址距今约 6500~5500 年,陶器以夹砂陶为主,有少量的施红衣陶。器表典型纹饰是压印贝齿纹、戳点纹、刻划平行条纹、镂孔等,口沿唇面压印短斜线或花

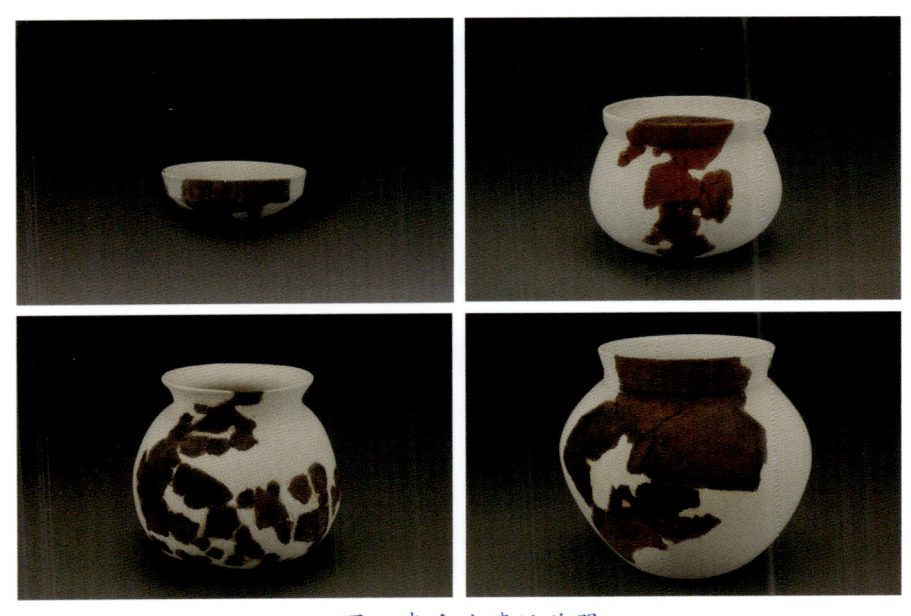

图 3 壳丘头遗址陶器

口则多见；流行圜底器、圈足器、零星的平底器；口沿外侧刻划平行条纹，内侧沿面内凹，唇面呈波浪形（图3）。相似的遗存见于闽侯溪头遗址下文化层、金门富国墩等遗址，尤其与台湾大坌坑文化存在相似性，显示出台湾海峡两岸新石器时代的文化关联。

东花丘遗址距今约4000~3500年，是遗址群中新石器时代末期的代表性遗存。遗物中夹砂绳纹陶与以云雷纹为主要纹饰的印纹硬陶共存，这种现象可能代表了当时平潭岛本地土著文化与来自闽江下流域外来文化之间碰撞、融合的过程（图4）。

图4 东花丘遗址陶器

龟山遗址距今约4000~3000年，陶器以夹砂陶为主，还有一定的泥质陶、印纹硬陶、红衣陶，以及少量原始瓷。陶器施绳纹、弦纹、戳点纹，以及方格纹、云雷纹、回形纹和刻划纹等几何图案。陶器以圜底器、浅圈足器为主，以及少量的平底器，另有形态各异的夹砂红陶支脚。大量成组和修复的陶器，为确立龟山遗址的文化性质及其在福建东南沿海地区史前文化发展谱系中的地位提供了十分重要的资料，奠定了坚实的材料基础（图5）。

壳丘头遗址群中各个阶段考古遗存的文化面貌特征明确，发展延续关系明显，存续多个考古学文化，形成了完整的考古学文化发展序列，其中既有以夹砂陶圜底器为代表的土著文化持续发展，也有黄瓜山和黄土仑文化等外来文化因素，为我们探讨东南沿海地区史前文化的发展、传承、交流、互动，以及其代表的南岛语族早期人群的起源和迁徙提供了直接材料。

图 5 龟山遗址陶器

二、全面揭露中国东南沿海地区 7500 年以来的史前聚落形态及其变化发展规律

西营、祠堂后山遗址的遗迹表现为相对小型聚落形态，以贝壳堆、柱洞、灰坑等生活遗迹为主，生活功能区分布相对集中、紧凑（图 6）。

图 6 祠堂后山遗址功能区分布图

壳丘头遗址揭露出我国沿海地区年代最早、保存最为完整的一处史前聚落形态，发现的柱洞、贝壳坑、石器加工区、火塘等遗迹为居住区，分布于山坡后缘地势较高处，山坡前缘则为垃圾倾倒区，居住区、餐食加工区、手工业区、垃圾倾倒区等功能分区清晰，已发展为中型聚落（图7）。

图7 壳丘头遗址功能区分布图

东花丘、龟山遗址时期，发展为大规模、高等级的聚落。揭露出台基、陶片密集堆积层、房址、踩踏活动面、用火遗迹、柱洞、灰坑等重要遗迹。功能分区包括以

图8 东花丘遗址器物坑　　　　　图9 东花丘遗址房址

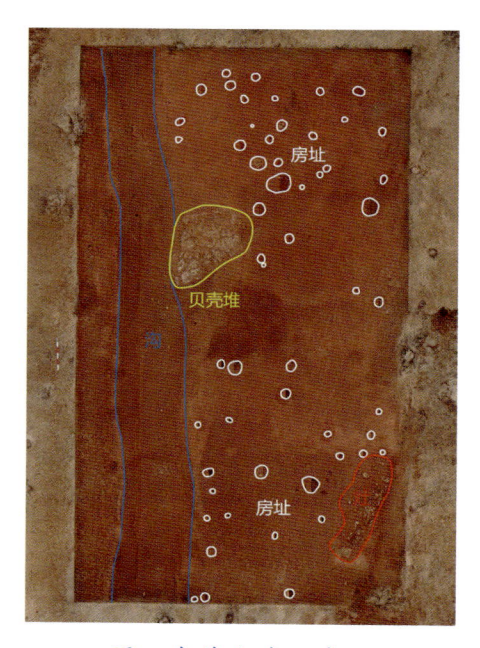

图 10 龟山遗址功能区分布图　　　　　图 11 龟山遗址房址

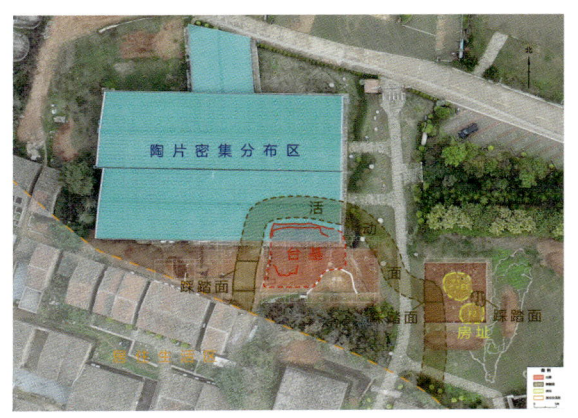

大型台基、器物坑（堆）和密集陶片组成的仪式性区域；围绕仪式性区域成组的干栏式建筑组成的公共活动区；公共区之外的建筑和贝壳堆积组成的生活区（图 8-12）。由此表明距今 4000~3000 年左右，南岛语族人群无论是社会组织形态、生存模式，还是手工业技术水平、精神世界表达均显示出新的文明程度。

三、多学科研究支撑下的南岛语族早期人群体质特征和生计模式探索

西营、壳丘头遗址发现人骨遗存，为南岛语族早期人群研究提供了重要、直接材料。西营遗址发现人骨和牙齿，经鉴定属于至少 4 个以上的个体。人骨直接测年结果为距今约 7300 年，初步研究表明，平潭史前人群和中国南方和东南亚族群有较近的遗传关系。

各时期遗存发现丰富的海、陆生动物资源。遗址贝壳堆积中发现的贝类种类丰富，其中牡蛎数量最多，其次为泥蚶、文蛤、青蛤等。

图 12 龟山遗址陶片密集分布区

其他动物包括龟类、鸟类、水牛、鹿、海豚以及各种鱼类，均属于野生动物，反映出渔猎的生业经济形态。

海洋资源背景下的发达农业。西营、壳丘头遗址发现的植硅体水稻遗存可追溯至7000多年前，陶片中植物印痕也发现稻、粟、黍痕迹，这也是中国东南沿海岛屿最早的水稻遗存。残留物工作同样发现包括稻谷、黍、粟、豆类等农作物淀粉粒，揭示出各个时期海岛史前人群的农业行为。植物考古研究发现，水稻和粟在距今4800~4600年间传入台湾地区，为南岛语族早期人群扩散提供了新的确凿证据（图13-15）。

上述发现反映出南岛语族早期人群多样化的生计模式，兼具大陆性和海洋性特征，这种特点贯穿7000年以来的各个时期。

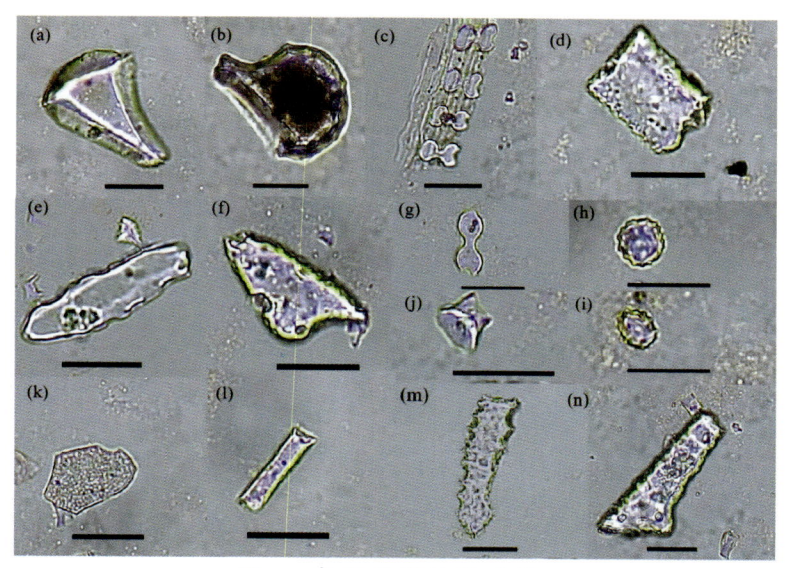

图13 壳丘头遗址植硅体

四、南岛语族早期人群的特征逐渐清晰

平潭岛系列发现显示出南岛语族早期人群海洋性、大陆性兼备的特征，符合南岛语族起源于大陆，并向海洋扩散的逻辑特征，为我们探索南岛语族向外扩散的路径提供了更广的研究视野。分子生物学的研究结果同样表明南岛语族早期人群的大陆来源。具体文化特征表现为：以圜底器为典型特征的陶器组合；石器技术发达，可能与木质航海器与干栏式建筑相关；生计资源类型多样；居址以干栏式为主；航海

XY 0001（粟）

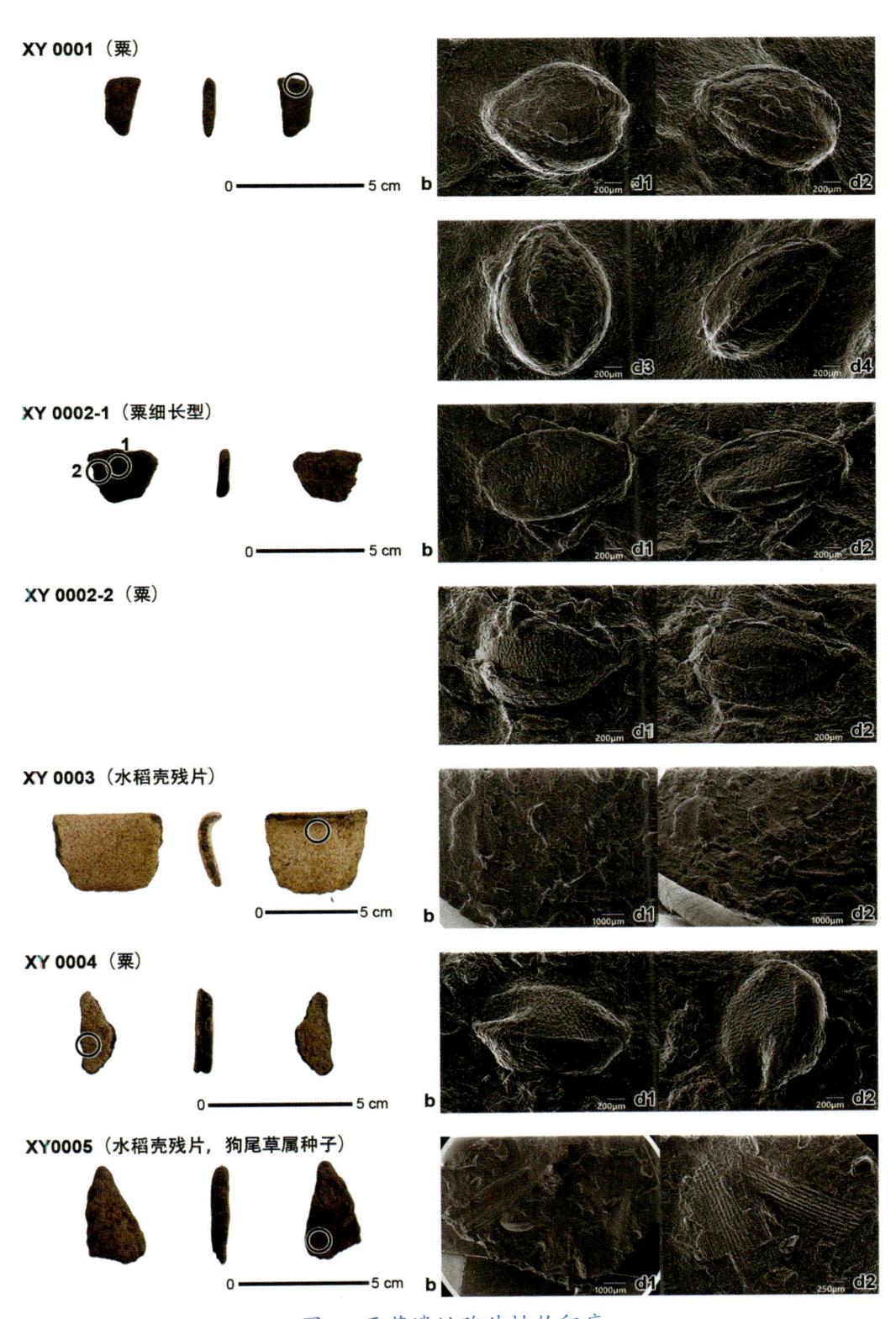

XY 0002-1（粟细长型）

XY 0002-2（粟）

XY 0003（水稻壳残片）

XY 0004（粟）

XY 0005（水稻壳残片，狗尾草属种子）

图 14 西营遗址陶片植物印痕

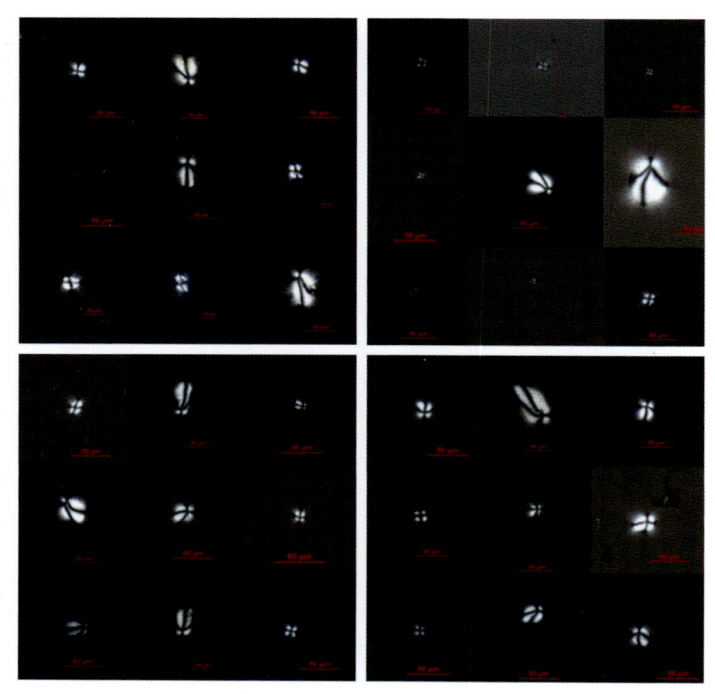

图 15 东花丘、龟山遗址残留物淀粉粒

技术发达；聚落有明显功能分区，公共空间明确；航海、渔猎的生计模式导致仪式性公共活动发达。

以平潭壳丘头遗址群考古重大发现为代表的南岛语族考古研究新进展，有力促进了我国东南沿海史前考古学文化序列的构建，为我们探究早期南岛语族人群特征、生计模式、迁徙规律提供了坚实的考古学材料。

中华文明兼具大陆性和海洋性。海洋文明是中华文明不可或缺的重要组成部分。东南沿海地区的史前考古进展，以及对南岛语族早期人群的深入认识，使我们可以尝试探讨中华文明起源的东南模式，窥探内陆文明向海洋迁徙的特征规律，了解海洋文明的起源、发展、扩散历程。

西营遗址位于平潭县平原镇燎原村西营自然村东部，西北背靠平潭岛北部沿海山地，地处山前平原，东北距壳丘头遗址约 2.5 公里。地理坐标为东经 119°44′25.4″，北纬 25°36′13.2″，海拔约 10 米。

西营遗址于 1992 年调查发现。2022 年，经初步勘探，确认西营遗址现存面积约为 8 万平方米，北部为一处塑料回收站，东部为一条小河，南部为西营村民房，中部有一条东北 – 西南向的砂石小路，西部边界至小路以西约 40 米。遗址地形平坦，现今为农田耕地。

2022—2023 年，厦门大学历史与文化遗产学院对西营遗址进行了两次考古发掘。发掘区位于遗址南部，分为Ⅰ区和Ⅱ区（以小路为界，东、西两部分）。

石器

镞（TN07W01②：1）

砂岩。平面呈三角形，边缘有打击石片崩痕，尖刃部横截面呈菱形。长8.2、宽2.8、厚1.1厘米。

斧 (TN07W01 ⑤：2)

砂岩。平面近梯形，横截面近梯形，顶部平、背面平直，中部凸起，斜向外缘成薄片，形成自然刃部。刃部圆钝，两侧齐整。长15.2、宽8、厚5厘米。

锛 （TN07W02④：1）

砂岩砾石。平面近梯形，横截面呈长方形。上宽下窄，背面斜直，刃部粗磨有使用崩损。长 6.4、宽 6.2、厚 2.1 厘米。

锛（G3：1）

砂岩。平面呈梯形，横截面呈长方形，两侧规整粗磨，刃部粗磨有使用崩损。刃部长1.9、宽5厘米。长6.4、宽6.2、厚2.1厘米。

锛（TN08W01④a：1）

灰色细砂岩。平面呈梯形，横截面呈梯形，正面微弧，背面平直，一侧磨制整齐，另一侧为自然崩面，除崩损面外其余各面均磨制。刃部崩损。长5.6、宽2.5、厚1.7厘米。

锛（TN07E01 ⑤ b：8）

砂岩。残。整体近长方形，正面光滑，背面斜直，两侧修整整齐，顶部粗加工不规整，因长期使用而使平面下凹刃部崩损。长 8.8、宽 5.8、厚 2.7 厘米。

刀 (TN07W02⑤b:4)

　　安山岩。残。平面近长方形，横截面呈近三角形，一侧边缘较厚且磨制整齐，另一侧呈薄刃状且边缘崩损不齐，两端为自然断面，刃部有使用疤痕。长7、宽5.3、1.6厘米。

蚝蛎琢（TN07W02⑤b：3）

砂岩。平面呈不规则三角形，后端半圆形，前端突出呈鸟喙状。器表光滑，未磨制。通长15.5、宽11.7、厚3.2厘米。

砺石 （TN07W02⑤b：8）

砂质灰岩。平面、横截面近长方形，正反两面均有三道因磨制石、骨器形成的大小不一的沟槽，大沟槽长8、宽1.2、深0.8厘米，小沟槽长6、宽0.9、深0.4厘米。长10、宽7、厚3厘米。

骨器

簇（TN06W01：6）

　　动物肢骨片磨制而成。双翼式镞，镞部呈三角形，两翼不对称，一侧较窄，镞长2.4、宽1厘米。铤长4厘米，呈椭圆形，宽0.7、厚0.5厘米。通体粗磨制。通长6.4厘米。

锥（TN07W02⑤a：3）

原料为动物肢骨，平面近菱形，横截面近梯形。近端磨为铤部，远端磨为锋尖。锋部呈三角状，铤部为圆锥形，通体磨制。通长5.8、宽0.9、厚0.7厘米。

锥（TN07W01 ⑤ b）

动物肢骨片磨制而成。上端保留骨片状，宽1厘米。下端磨制成圆锥状，锥尖部直径0.3厘米。锥尖微弯曲，磨制较精细。通长5.8厘米。

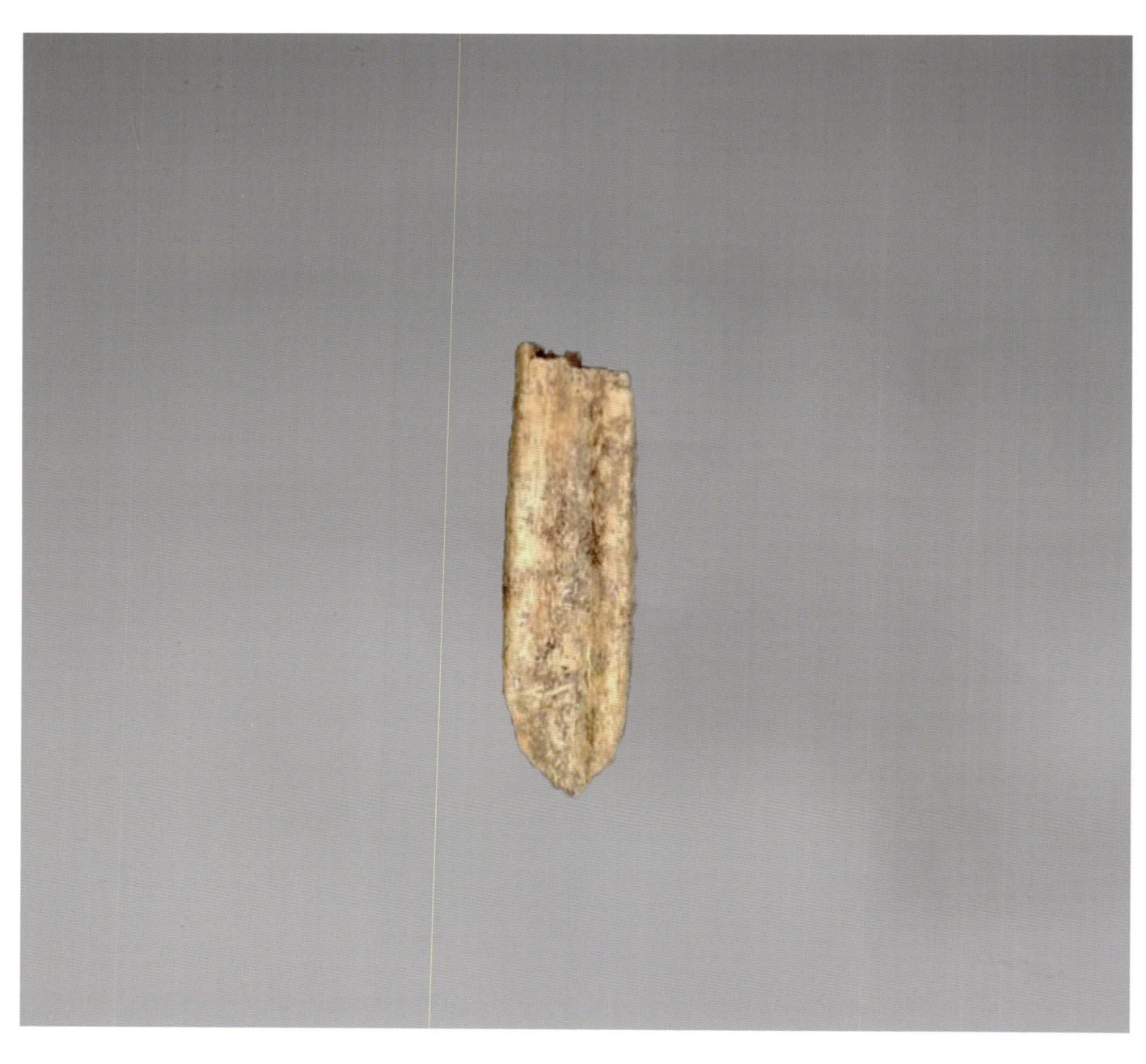

匕（TN07W01⑤b）

　　动物肢骨片磨制而成。平面呈长条形，背面为骨腔面粗磨。上端保留骨片原状，下端磨制成倒三角形尖刃状，刃口圆钝。通长6、宽1.7、厚0.7厘米。

锥（TN07W01⑤b）

　　动物肢骨片磨制而成。上部保留骨片状，宽1.3厘米。下部磨制成薄片形成刃部，刃部圆钝。骨腔面粗磨。通长6.7、厚1厘米。

锥（TN07W01⑤b）

动物肢骨片磨制而成。上端保留骨片状，宽1厘米；下端磨制成锥尖状，尖刃部较锋利。通长5.8、宽0.8厘米。

陶器

盆形釜（TN06W02③：2）

夹粗砂，黑胎，火候较低、陶质较疏松。外壁红褐色，圆方唇，敞口，弧腹，圜底。器外壁素面，口沿内壁刻划一周曲折纹。口径20、通高8.6厘米。

罐形釜 （TN06W02③：1）

夹粗砂，黑胎，火候较低、陶质较疏松。器表灰色，圆方唇，敞口，束颈，微鼓腹，圜底。外壁素面，唇部饰有一周压印纹，内沿饰刻划曲折纹。口径21.6、通高15.8厘米。

罐形釜 (TN06W01③：1)

夹粗砂，黑胎，火候较低、陶质较疏松。器表灰黄色，圆方唇，敞口，束颈，鼓腹，圜底。器表饰绳纹，唇部饰一周压印纹，口沿内壁上部饰一周曲折纹，近颈部饰连续一周戳印纹。口径21.6、通高20.6厘米。

罐形釜（TN07W02④：3）

夹粗砂，黑胎，陶质较疏松火候较低。器表灰色，方唇，敞口，束颈，微鼓腹，圜底，器表饰绳纹，内壁饰凸弦纹。口径7.2、通高13.8厘米。

罐形釜 (TN06W01③a:4)

夹粗砂,黑胎,火候较低,陶质较疏松。器表灰色,方唇,敞口,束颈,鼓腹,圜底,素面,口沿内壁饰有刻划斜线纹。口径17.6、通高19.4厘米。

罐形釜（TN07W01⑤a：6）

夹粗砂，黑胎，火候较低，陶质较疏松。器表灰色，方圆唇，敞口，束颈，鼓腹微下垂，圜底。素面，口沿内部饰有刻划纹，另饰有二周凹痕。口径23.8、通高21.6厘米。

罐形釜 （TN06W01③：15）

夹粗砂，黑胎，火候较低，陶质较疏松。器表灰色，圆方唇，敞口，束颈，鼓腹，圜底。素面，唇部饰有一周压印纹，口沿内壁饰刻划斜线纹。口径23.2、通高20.6厘米。

罐形釜 （TN07W01④：2）

夹粗砂，黑胎，陶质较疏松火候较低。器表灰色，圆唇，敞口，束颈，鼓腹，下腹微垂，圜底。器表素面，内口沿饰有折线纹。口径30、通高22厘米。

罐形釜（TN06W02③a：9）

夹粗砂，黑胎，火候较低，陶质较疏松。器表灰黄色，方唇，敞口，束颈，鼓腹微下垂，圜底。素面，唇部饰一周压印纹，内口沿饰曲折纹。口径23.2、通高25.8厘米。

罐形釜 (TN06W01③：11)

夹粗砂，黑胎，火候较低，陶质较疏松。器表灰色，圆方唇，敞口，束颈，微鼓腹，圜底。器表饰浅绳纹，唇部饰一周压印纹，口沿内壁上部饰刻划斜线纹，下部有连续一周戳印纹或指甲纹。口径26、通高22.9厘米。

罐形釜 （TN06W01③：7）

夹粗砂，黑胎，火候较低，陶质较疏松。器表灰黄色，方唇，敞口，束颈，鼓腹微折，圜底。唇部饰一周压印纹，颈部外壁饰一周刻划纹，颈内壁饰刻划曲折纹。口径26、通高27厘米。

钵（TN07E01⑤a：10）

夹粗砂，黑胎，火候较低，陶质较疏松。外壁灰色，圆方唇，敛口，微鼓腹，下腹内收，圜底。素面，内外壁均有手工制作痕迹。唇部饰压印纹。口径17.2、通高10.2厘米。

钵 （TN07W01⑤a：5）

夹粗砂，火候较低，陶质较疏松。器表灰黄色，圆唇，敞口，弧腹内收，圜底。素面，口沿内部饰有刻划菱形纹，内壁饰有刻划斜线纹，外部沿腹连接处内凹。口径19.2、通高7厘米。

钵（TN07E01④：8）

夹粗砂，火候较低、陶质较疏松。器表色泽不匀，呈红色或褐色。方唇、敞口、弧腹，腹下部内收，微圜底。器表饰绳纹，口腹交接处有一处手工捏制形成内凹。口径8.2、通高6.3厘米。

罐（TN06W01③：8）

夹粗砂，黑胎，火候较低、陶质较疏松。器表色泽不匀，大部分灰色，少部分褐色。圆方唇，撇口，束颈，鼓腹，圜底，素面，唇部饰一周压印纹，口沿内壁饰刻划菱形纹。口径 23.2、通高 21.8 厘米。

盆（TN07W02④：4）

夹粗砂，黑胎，火候较低、陶质较疏松。器表灰黄色，撇口，圆唇，弧腹，圜底。器表饰绳纹，口腹交接处有一处手工捏制形成内凹。口径30.2、通高9.4厘米。

罐口沿（TN06W01③：3-1）

夹粗砂，黑胎，火候较低，陶质较疏松。器表灰黄色，圆方唇，敞口，束颈，下部残缺。唇部饰一周压印纹，口沿内壁饰刻划斜线纹。口径18.8、残高8厘米。

罐底（TN06W01③：3-2）

夹粗砂，黑胎，火候较低，陶质较疏松，器表灰黄色。残高5.5厘米。

支脚（TN07E01⑤b：3）

  顶部残。夹粗砂红陶，胎红色，陶质较硬。圆柱状。中空不通顶，喇叭形足。残高9.4、底径9厘米。

支脚（TN07E01⑤b-2）

夹粗砂红陶，胎红色。陶质较硬。顶部略弧，圆柱状，呈"祖"形。中空不通顶，足部略残。高 11.8、底径 8.8 厘米

纺轮 (TN05E04④:7)

圆饼状，顶部略小于底部，横截面略成梯形。夹粗砂灰黄陶，较坚硬。顶部和底部均略弧，中心穿孔。直径3.3、孔径0.5、厚2.1厘米。

纺轮 （TN06E04④：6）

略残。圆饼状。夹粗砂灰黑陶，质地较硬。中心穿孔。直径2.9、孔径0.4、厚1.8厘米。

纺轮（TN06E04④：1）

圆饼状，顶部略小于底部，横截面略成梯形。夹粗砂灰黄陶，较坚硬。顶部和底部均略弧，中心穿孔。直径3、孔径0.4、厚2.1厘米。

口沿 （TN07W01⑤a）

夹粗砂灰黄陶，胎黑色。敞口，方唇，口沿上方略外撇。沿面饰戳点纹和刻划纹组合纹饰，唇面饰压印纹。口径16、残高3.6厘米。

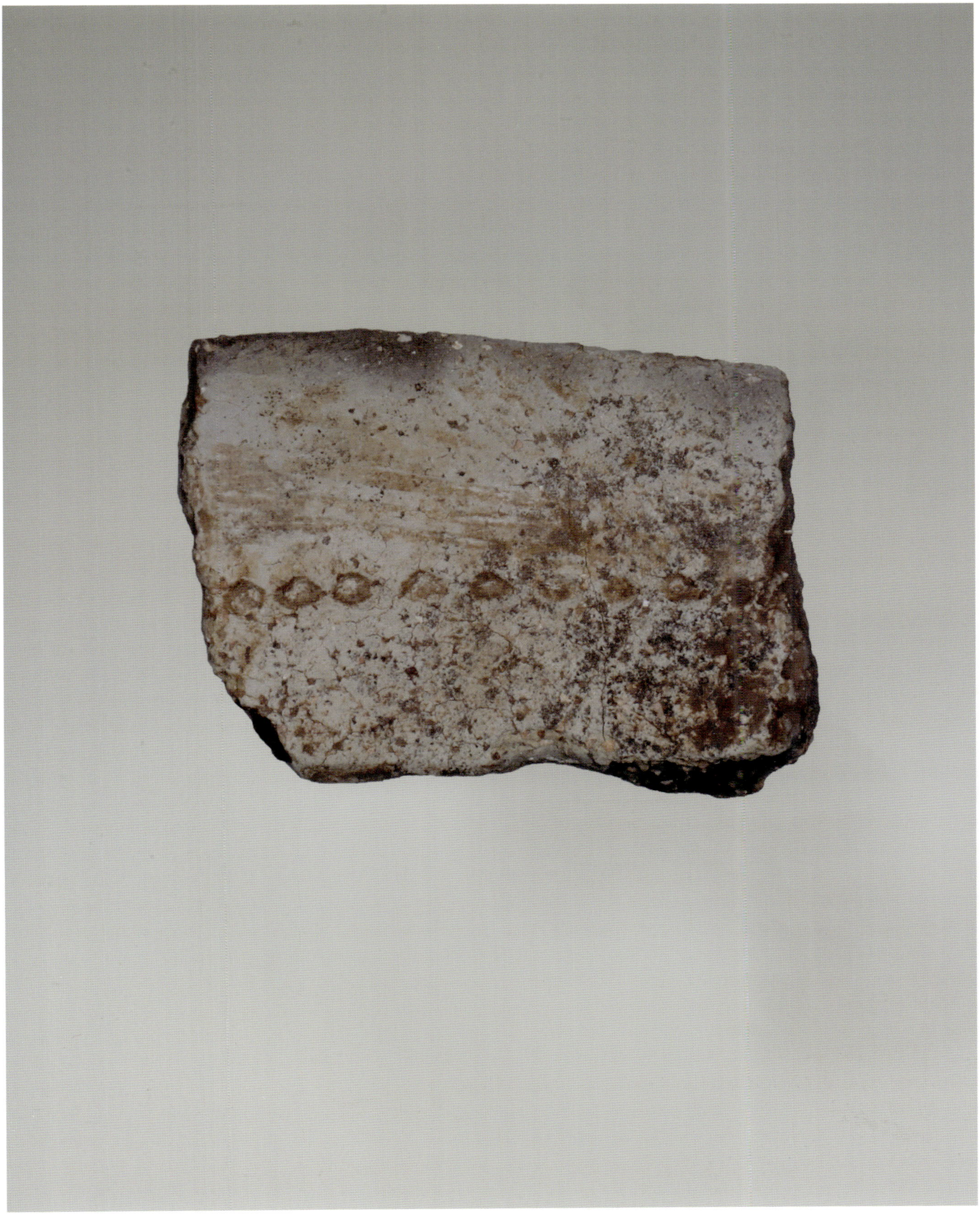

口沿（TN07W01⑤a）

夹粗砂红陶，胎灰黑色。敞口方唇。唇面饰压印纹，沿面上方饰两排波浪状贝印纹，下方饰贝印纹和刻划纹组合纹。口径12、残高3.8厘米。

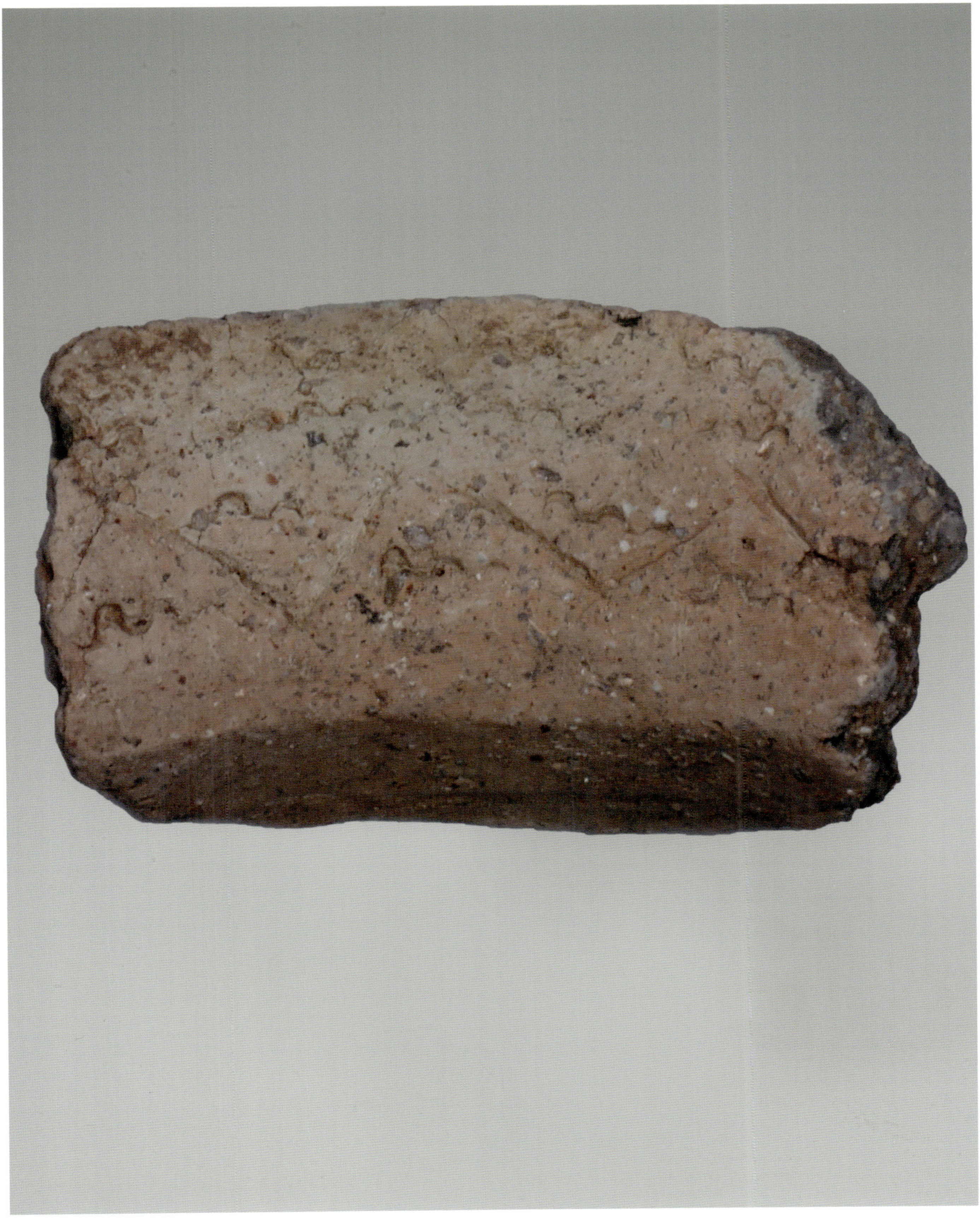

口沿 （TN07E01⑤a）

敞口圆唇，口沿上方略向外折。夹粗砂粒和贝壳碎屑，胎黑色。沿面饰规整双排戳点纹。口径28、残高4厘米。

口沿 (TN07W01⑤a)

夹粗砂红陶，胎灰黄色。敞口方唇。沿面饰有指甲纹。口径23、残高2.5厘米。

口沿（TN07W01⑤a）

夹粗砂灰黄色陶，胎灰黑色。敞口、方唇。沿面饰"<"形和柳叶状刻划纹组合纹饰，器表饰三排排列规整指甲纹。口径26、残高4.6厘米。

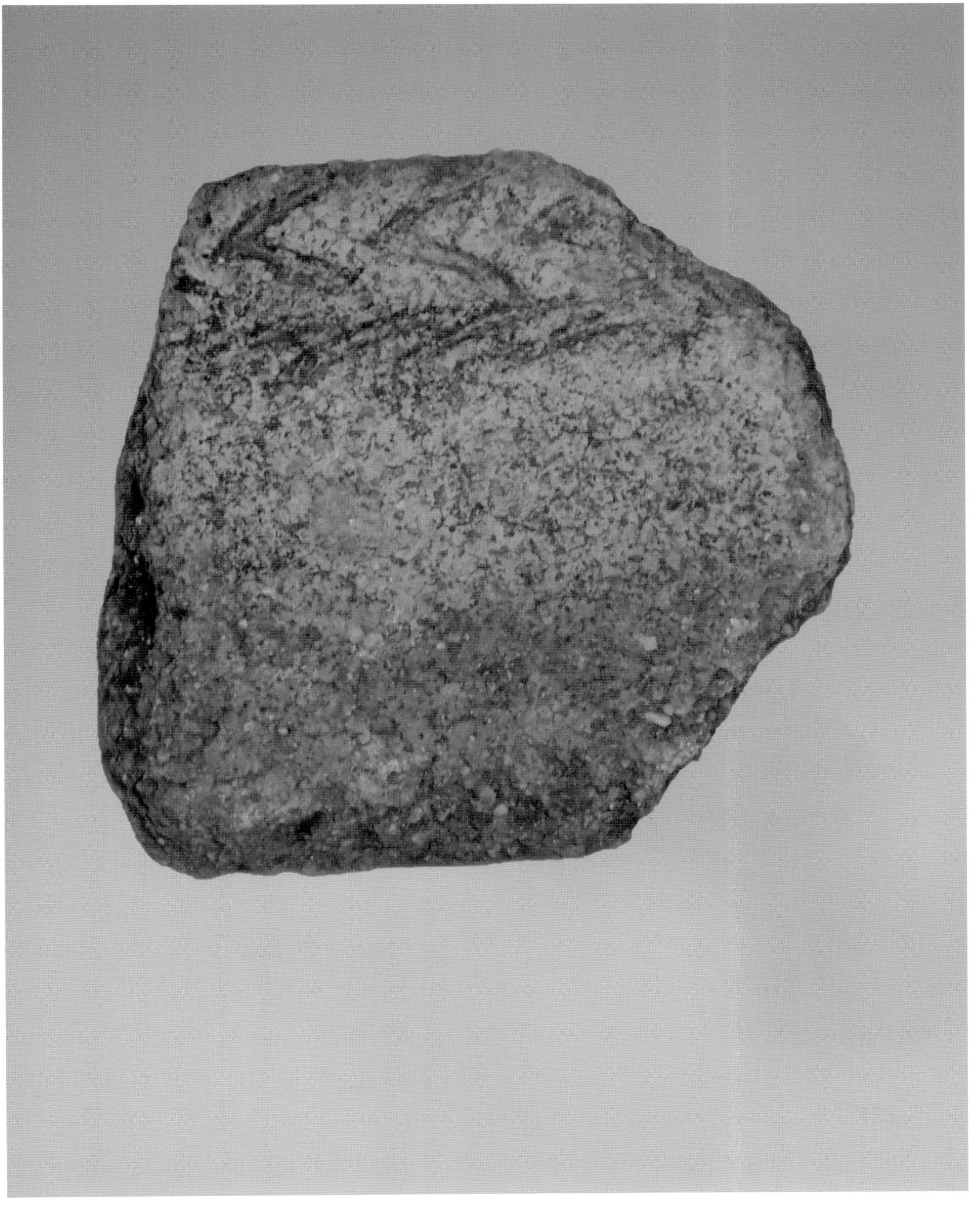

口沿 （TN06W01 东隔梁）

夹粗砂红陶，胎灰黑色。敞口方唇。沿面上方饰菱形贝印纹，中间饰一周贝印纹隔断，下方饰波浪状贝印纹。器表饰贝印纹和刻划纹组合纹饰。口径23、残高4.5厘米。

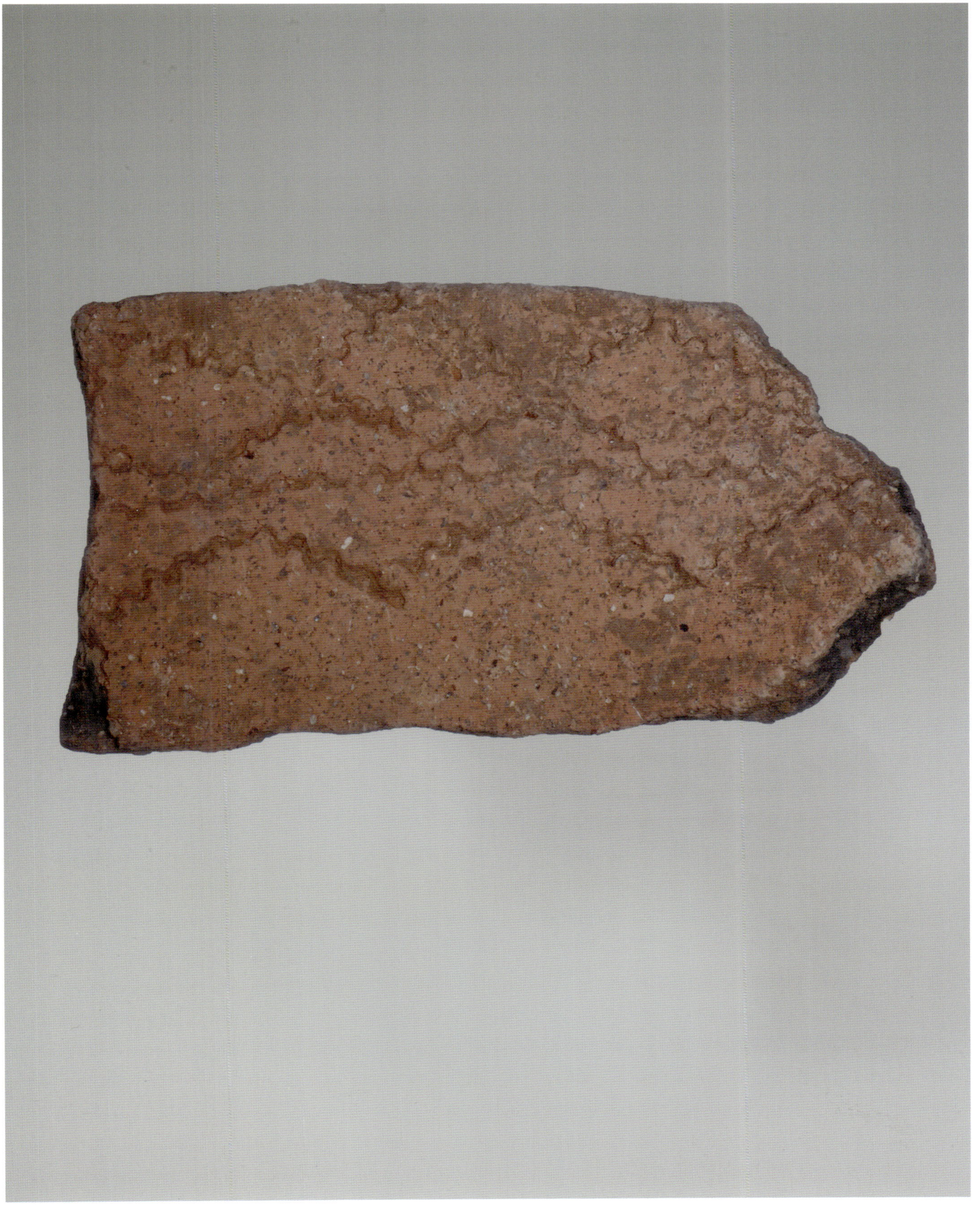

口沿 (TN06W01③b)

夹粗砂红陶，胎灰黑色。敞口方唇。沿面饰柳叶状贝印纹，器表饰排列规整斜线贝印纹。口径24、残高2.2厘米。

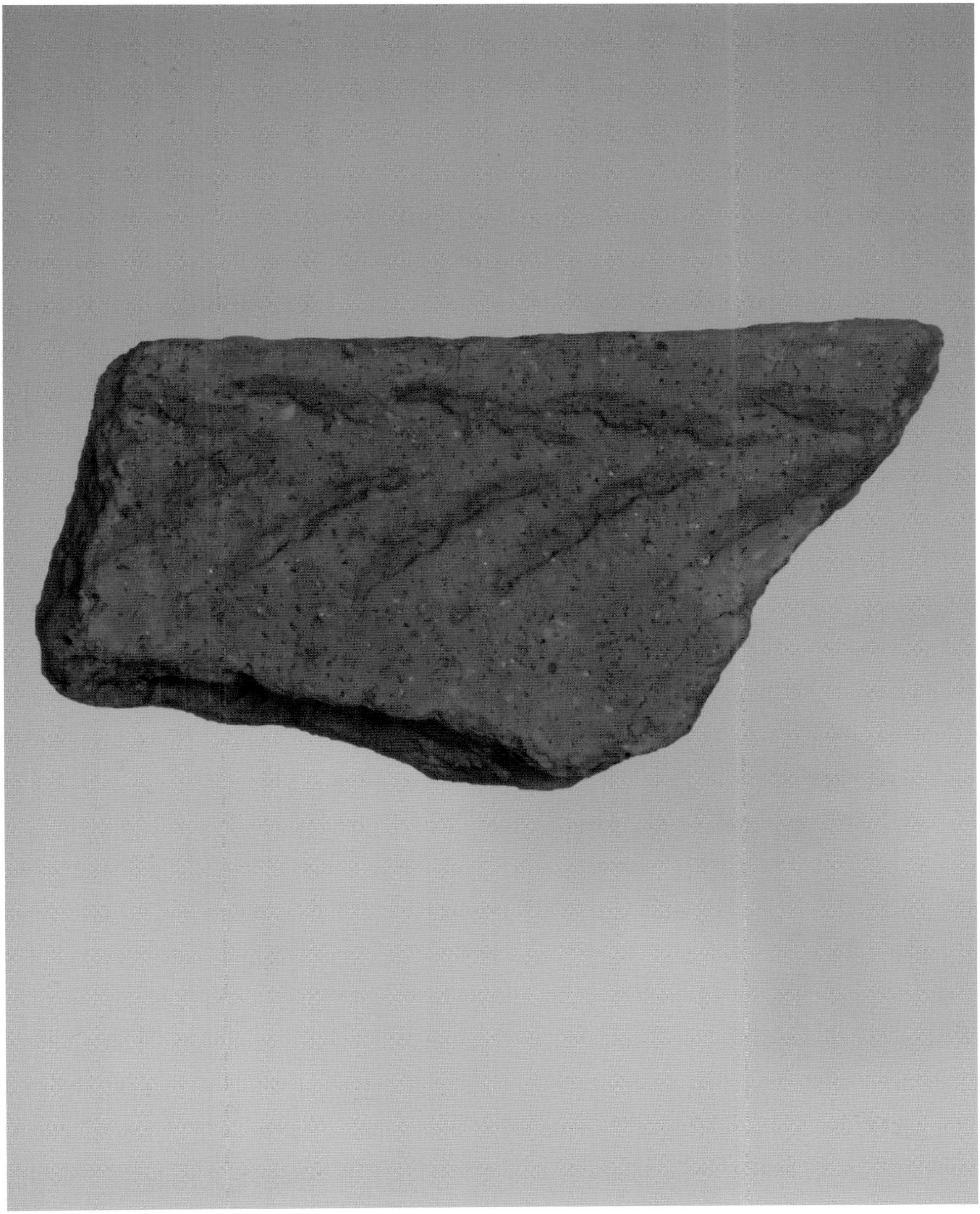

口沿（TN07W01⑤a）

夹粗砂灰黄陶，胎灰黑色。敞口方唇，沿面饰菱形刻划纹。口径21、残高2.7厘米。

口沿（TN07W01⑤a）

夹粗砂灰黄陶，胎黑色。敞口方唇。沿面饰菱形贝印纹。口径20、残高3.4厘米。

口沿 （TN07W01 ⑤ a）

夹粗砂黑陶，胎黑色。敛口、圆唇、折肩。沿面饰有三排规整贝印纹，器表饰有排列规整贝印纹。口径28、残高4.6厘米。

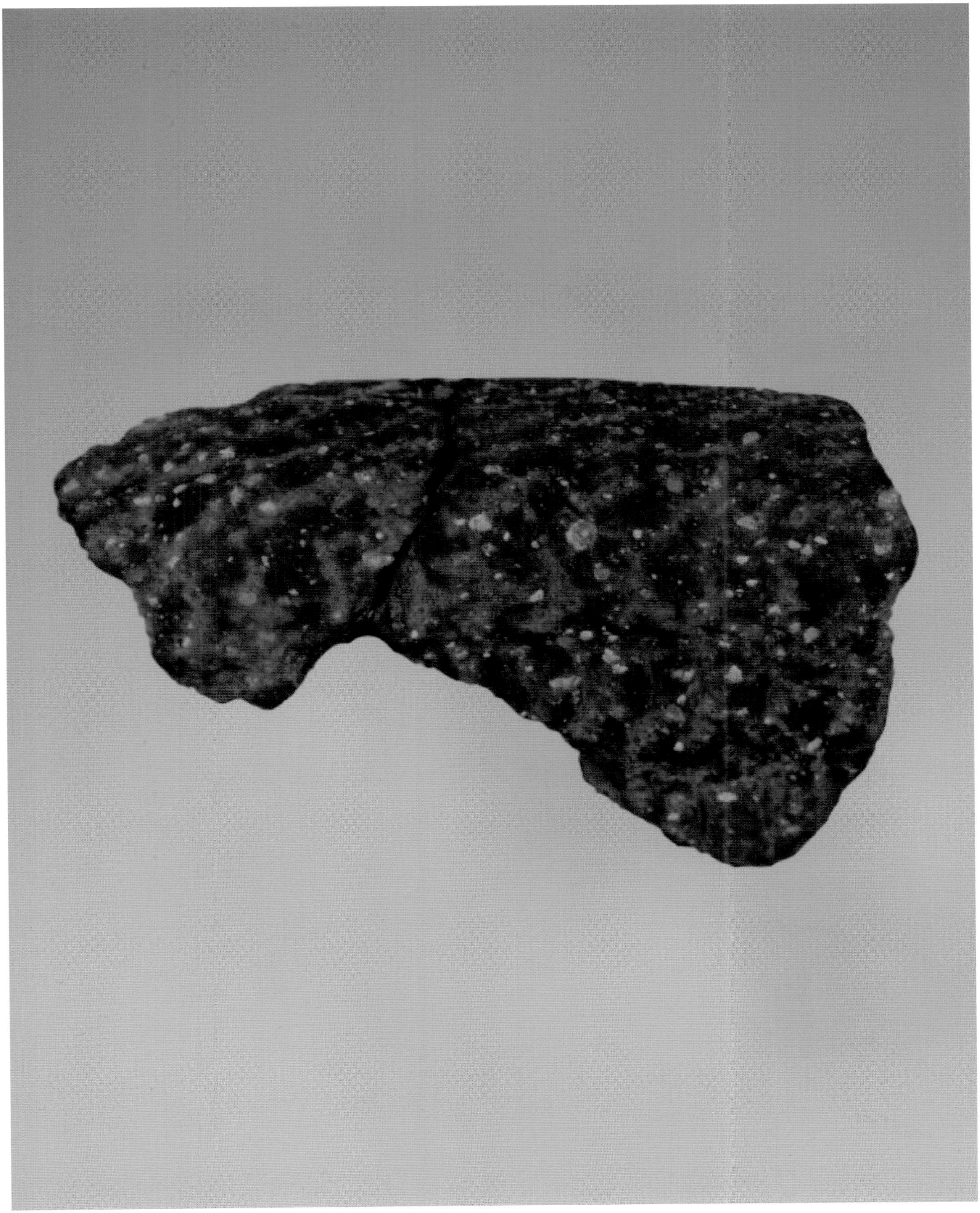

口沿（TN07W01⑤a）

夹粗砂灰黄陶，胎黑色。敞口圆唇。沿面饰三排波浪状贝印纹，器表饰菱形刻划纹。口径24，残高4.6厘米。

壳丘头遗址

壳丘头遗址位于平潭县平原镇山显美村南垅自然村公路边，地理坐标为北纬25°37′16.33″，东经119°45′13.86″，海拔约13米。遗址北邻马后埔山，南近古海湾滩涂，东南侧为X163公路。整体地势北高南低。遗址长160米，宽145米，现存分布面积约为2.5万平方米。

1985年福建省博物馆考古队（现福建省考古研究院）首次对遗址进行了科学的考古发掘，将该类型遗存命名为"壳丘头类型文化"。本次发掘依地势从南至北阶梯布方，主要位于台地东南边缘。2004年福建博物院等对遗址进行试掘，测年结果将壳丘头文化的年代确认为距今6500—5500年，本次试掘位于前次发掘区内。2021年中国社会科学院考古研究所、福建省考古研究院、平潭综合实验区博物馆联合对遗址进行发掘，主要区域紧邻之前发掘区北侧地势更高处。通过发掘发现遗址的北部为居住区、食物加工区、石器加工区，南部为生活废弃堆积区，西部为壕沟。

玉、石器

玦（PKT407⑤：10）

青白色，通体磨光，玦口宽而中间略窄。横剖面呈扁圆形。玦孔上部大，为单面钻成。玦口切割平滑，玦口中部宽0.4厘米。外径4.3、内径2.2、厚0.4~0.7厘米。

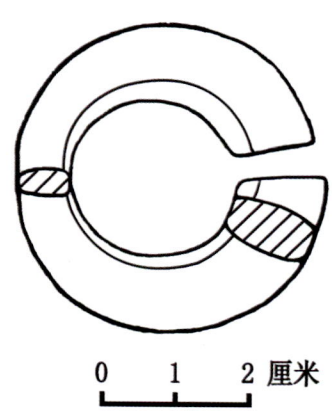

刮削器（85PK406⑥-6）

细砂岩。平面略呈三角形。利用薄石片锋利的远端和侧边直接使用，即为直刃和凸刃，刃缘有使用痕迹。长7.4、宽3.4、厚1.2厘米。

锛 （85PK404⑤：5）

安山岩。平面呈长方形，微弧顶，背部、正面均较平坦，横截面呈梯形。两侧及顶部较钝厚，刃缘较锋利。长9.7、宽4.1、厚2.1厘米。

锛（T504 填土：5）

  细砂岩。平面呈梯形，平顶，背微弓，单面斜弧刃，器身大部分细磨，近端向刃部修疤较深，未磨平，正、背面有打制疤痕，刃缘有使用痕迹，正面两处有节理剥落。顶宽1.1、底宽3.8、厚1.4厘米，重34.1克。

锛（TS10W1 填土：1）

　　细砂岩。平面呈梯形，中部横截面近三角形，斜顶，背微弓，单面直刃，两面粗磨，刃部细磨，顶部、正、背面及两侧有打制疤痕，刃部有使用所形成的崩疤。顶宽 1、底宽 3.73、厚 1.46 厘米，重 27.2 克

锛（85PK507⑤：7）

砂岩。平面呈梯形，弧顶，背部微隆，正面微弧，横截面略呈梯形。器身通体磨光，顶部与两侧有使用疤。刃长1.1、宽4.9厘米，刃缘较锋利，有使用痕迹。长5.2、宽4.9、厚1.5厘米。

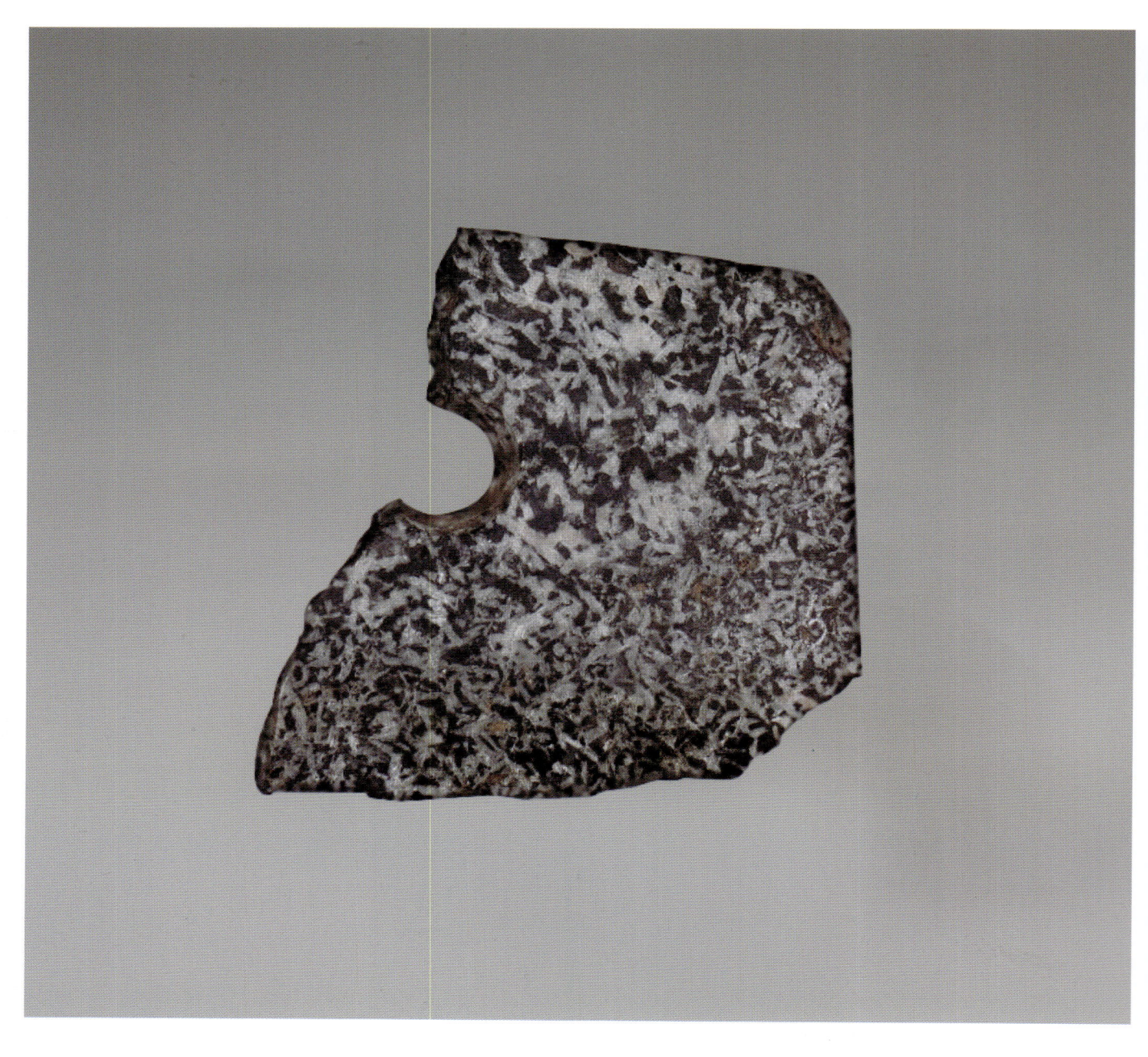

钺 （85PKT502⑤：6）

片麻岩。残存平面呈长方形，通体磨光，器型规整，边缘平直，表面光滑，触手温润。平顶略弧；刃长而平直，有使用痕迹。残长5.8、宽6.3、宽1.1厘米。

钺 （平潭南垅壳丘头遗址）

片麻岩。通体磨光。器身双面微鼓，平顶，双面，平刃，圆孔，双面钻成，孔径 2.4 厘米。刃缘两面均有明显使用疤。长 6.4、宽 7.2、厚 1.5 厘米。

锤（85PKH10）

砂岩，磨圆度好。平面呈长条形，截面呈椭圆形。石锤一端有点状使用痕迹。长15.9、宽5.8、厚4.6厘米。

凹石 （85PKT205⑤）

　　花岗岩，平面呈近圆形，上、下两个平面的中部各有一个使用形成的凹坑，一面凹坑直径约 4.4 厘米，最深处 0.15 厘米，凹坑内分散分布麻点痕迹；另一面凹坑直径约 5 厘米，最深处 0.15 厘米，凹坑内有使用形成的磨光。长径 10.6、短径 9.8、厚 5.8 厘米。

凹石 （85PKH15）

花岗岩。上、下两面相对较平，整体呈扁椭圆形。一面经过使用，形成直径约3厘米的浅平凹坑，最深处0.2厘米。器身侧面局部有许多细密凹坑和麻点状疤痕，推测此件器物亦做石锤使用。长8.1、宽7.6、厚5.6厘米。

凹石（1964 壳丘头采，K27772）

砂岩。平面呈椭圆形，扁平状。两侧面较直，有明显的修理痕迹，推测为人为加工便于把握。器身上、下两端有使用痕迹，呈凹坑状。上、下 2 个平面有较为集中麻点状痕迹，略有凹陷。长 12.9、宽 8、厚 4.7 厘米。

凹石（T504 填土：10）

　　花岗岩。平面近圆形，横截面扁平，一面因使用而形成浅小凹痕，一面有小磨面，侧面一周因使用而形成重叠疤痕。直径 6.8—6.85、厚 4.5 厘米，重 305.4 克。

凹石（TS10W5⑤：7）

　　花岗岩。平面近椭圆形，截面扁平。两面中心因使用而形成浅的凹痕，两端及两侧因使用而形成小的疤痕及散漫的麻点。长径9.91、短径8.8、厚5.7厘米，重711.5克。

砺石（85PKT205⑤）

砂岩，形状不规则，截面呈三角形。器身的两个面共分布三个使用磨面。其中一个较宽大，长7.3厘米，宽0.7厘米，剖面呈凹弧形，最深处达1.2厘米。另两个磨面同处器身一侧，一个长6.8、宽5.5厘米，最深处0.4厘米；另一个最大长6.8、宽4.5厘米，最深处0.4厘米。长9、宽12.6、厚85厘米。

球 （85PK503⑥）

　　花岗岩。平面呈圆形，截面为椭圆形。一面有一处疤痕，疤痕浅，呈麻点状；另一面的中间部分有2处使用疤，疤痕浅，呈麻点状；侧面亦有一处麻点状浅小疤痕。长6.3、宽6.1、厚4.7厘米。

骨器

簪（残）　（85PKM1：1）

由细长骨管制作而成，截面呈椭圆形，上、下两端略残，一端较细一端较粗。器身较粗一端经过精细磨制。残长9厘米。

匕（T504⑤A：1）

　　近端及一侧局部缺失。利用动物肢骨加工磨制而成。平面锥形，截面扁平，两面粗磨，锥尖部细磨光滑，两侧有打制疤痕，一面保留骨槽，另一面为骨腔破裂面。残长9.7、残宽1.8、厚0.37厘米。

匕（T504⑤A∶3）

　　利用动物肢骨打制成毛坯，后磨制而成，近端残断。平面近锥形截面扁平，刃部圆钝，表面粗磨，刃部细磨光滑，一面留有骨腔凹槽。残长4.96、宽1.79、厚0.37厘米。

锥（残） （PK503NE C 层：10）

利用鹿类小骨片制作而成。小骨片一端经过打制，形成锥尖，并经过粗磨。残长 3.8 厘米。

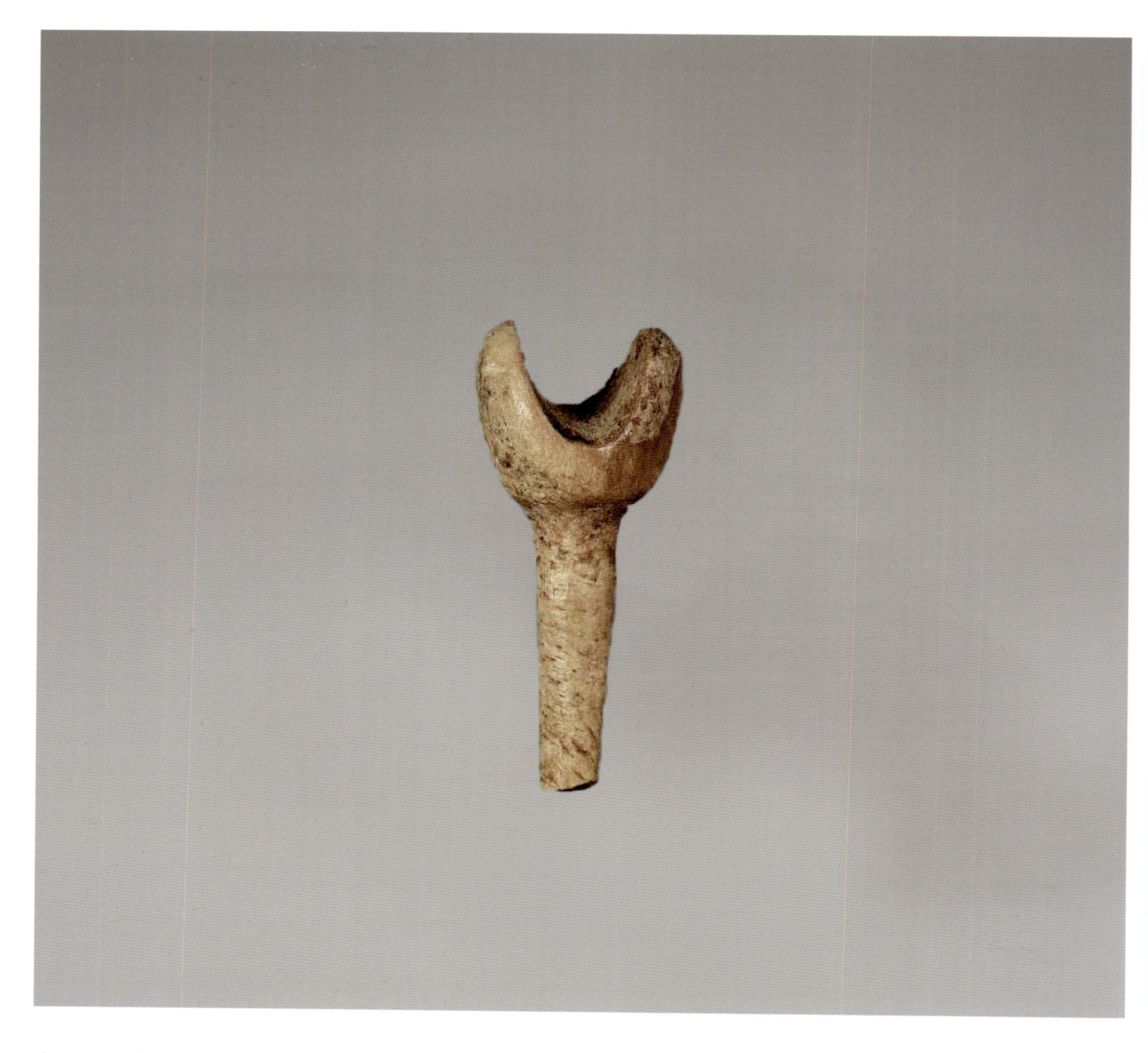

扣叉状饰品 （PK503SE C 层：6）

表面呈褐色，叉端大，另一端细，通体磨制精细。长 1.7、宽 0.7 厘米。

角器

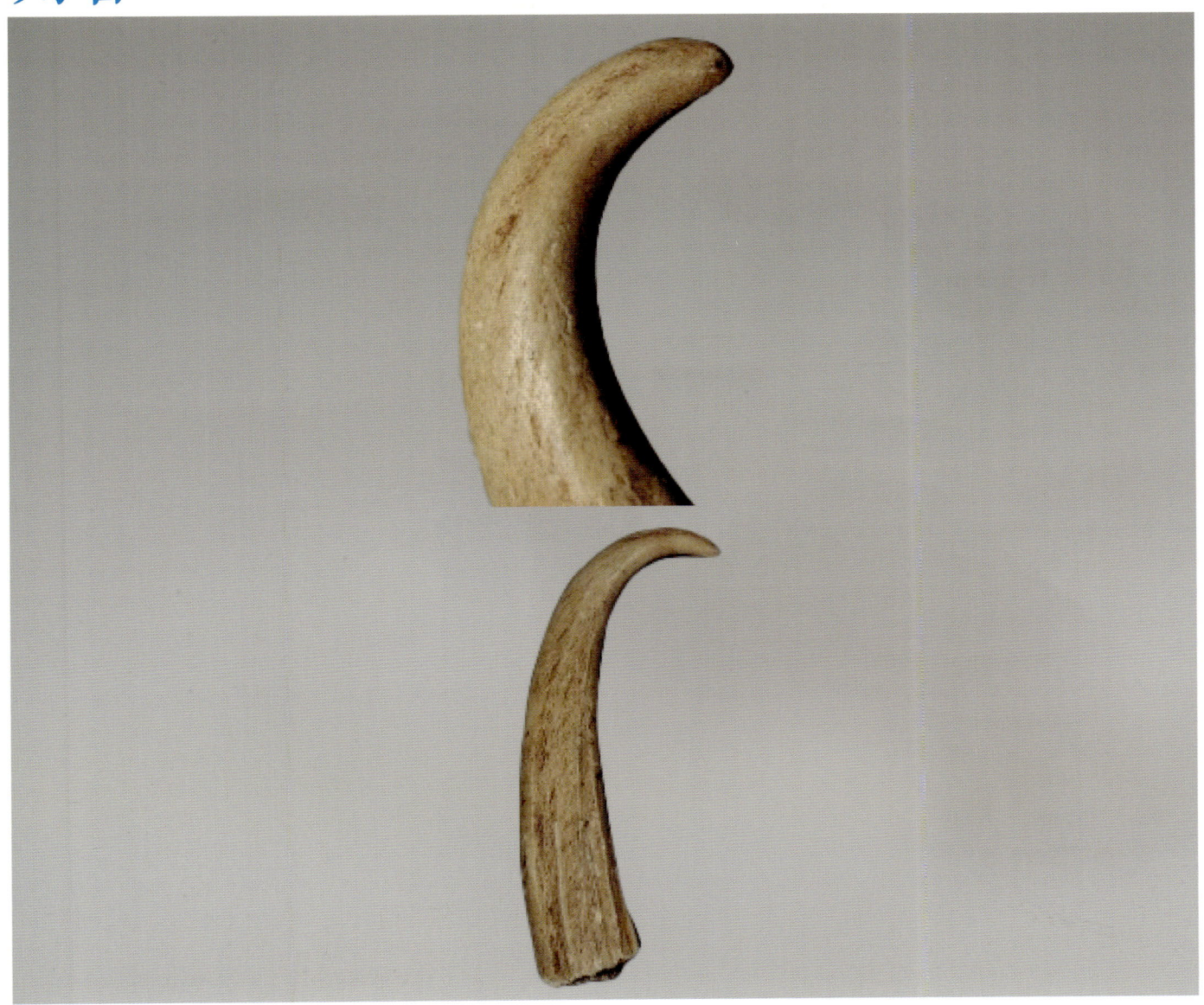

锥（85PKH708⑤：2）

利用赤麂右角制作而成。将麂角砍砸截断，再从角尖开始至角柄的弯侧和弓侧部分打磨，形成自然弯尖。长7.7、宽2、厚1.5厘米。

锥 （85PKH606⑤）

利用麂角制作而成。将麂角沿角环进行切削，切削断面齐整，有细细切割痕迹，可见当时骨器切割工艺成熟。角环上0.5厘米处有一周宽0.3厘米的凹槽，亦为人为加工。角尖开始至角柄的弯侧和弓侧少部分粗制打磨，形成自然弯尖。长8.6厘米，根部宽2.2、厚1.2厘米，角尖直径0.5厘米。

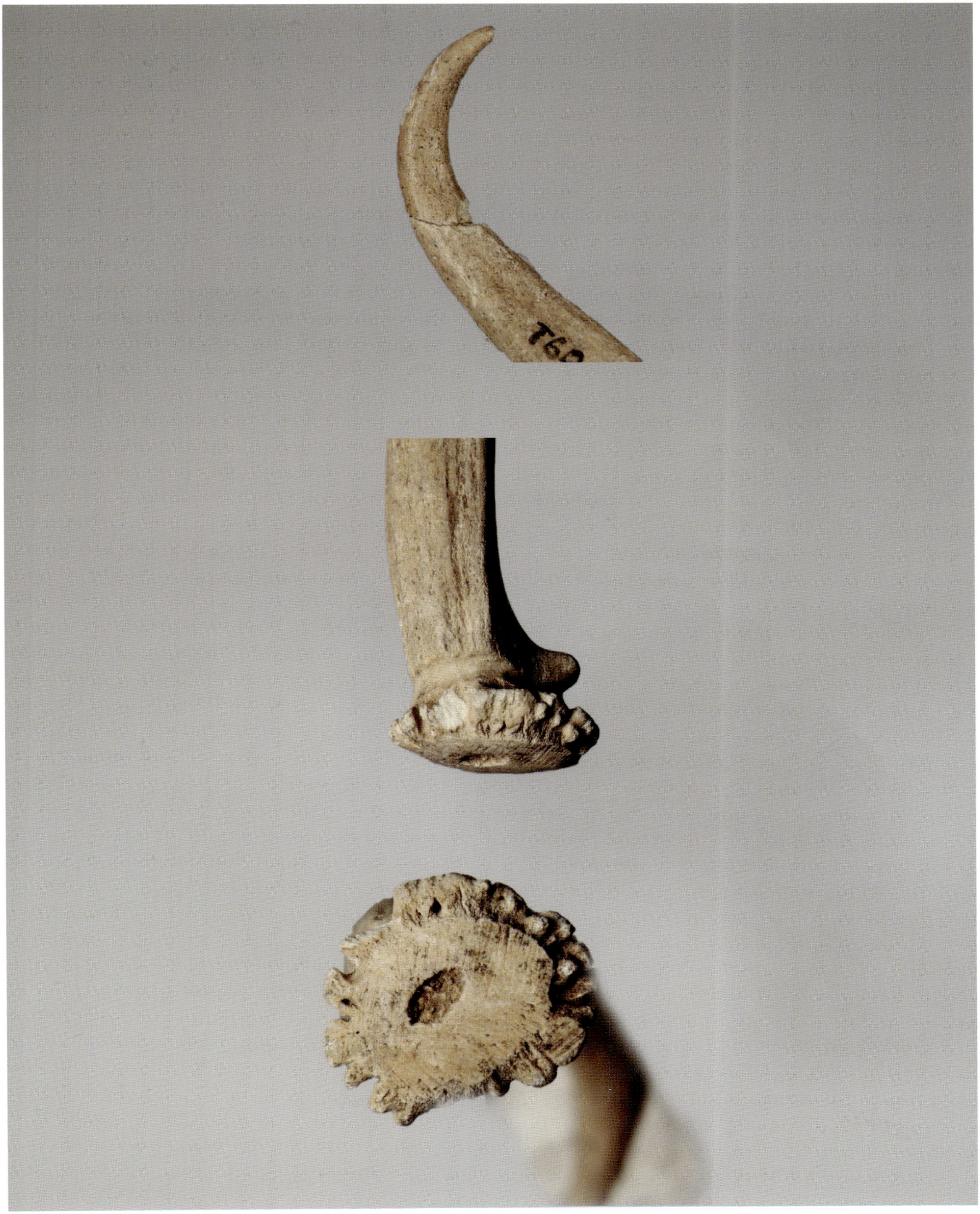
T6

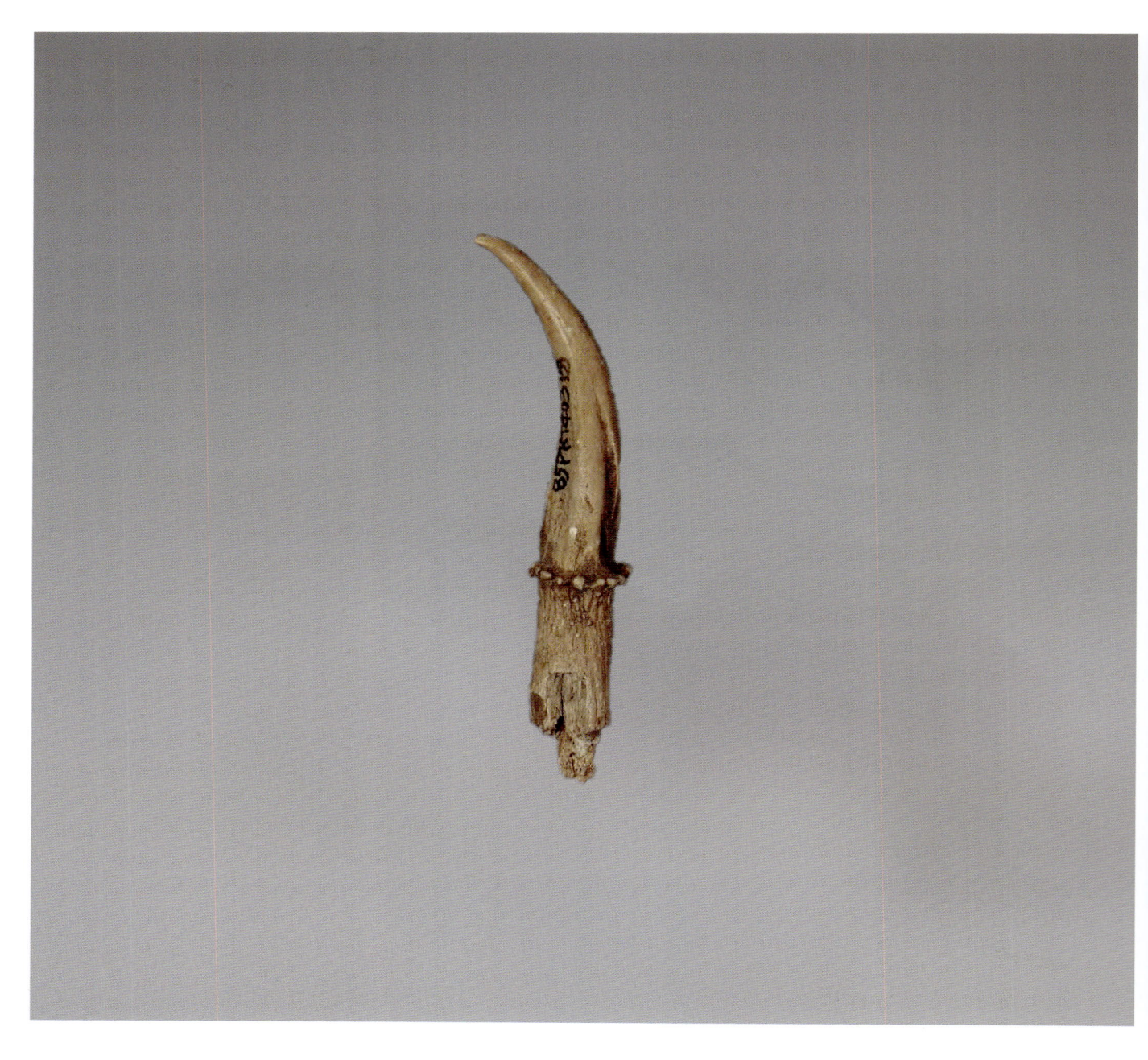

锥 （85PKH403⑤）

利用赤麂左角制作而成。先于角环下3厘米处进行切削，留下切削痕迹，再从角尖开始至角环处弯侧通体打磨，弓侧部分打磨，形成自然弯尖。长11.3厘米，根部宽1.8、厚1.2厘米，角尖直径0.5厘米。

93

贝 器

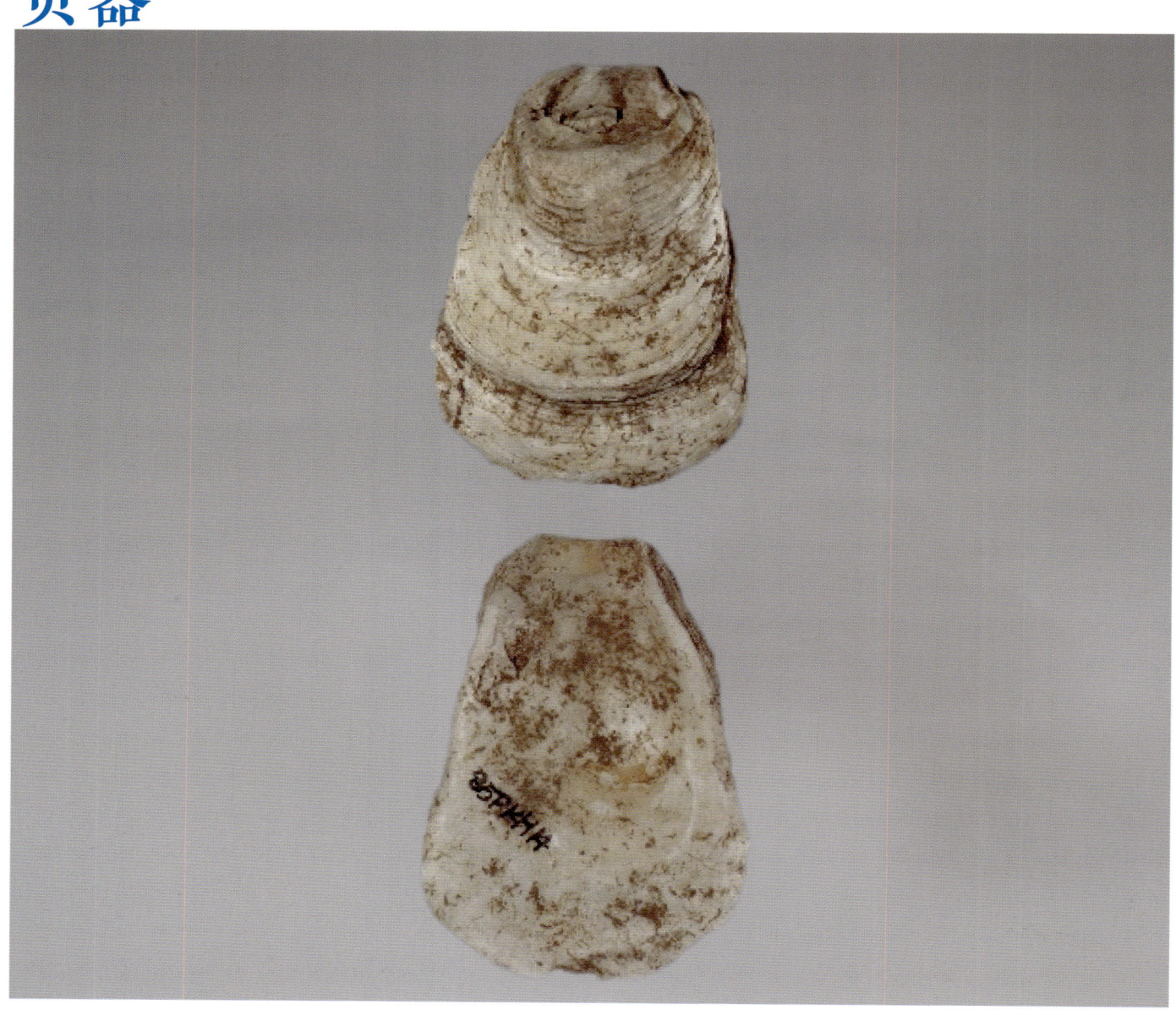

铲（85PKH14：1）

由牡蛎壳加工而成，刃边缘有使用造成的崩疤。长 10.5、宽 7.4 厘米。

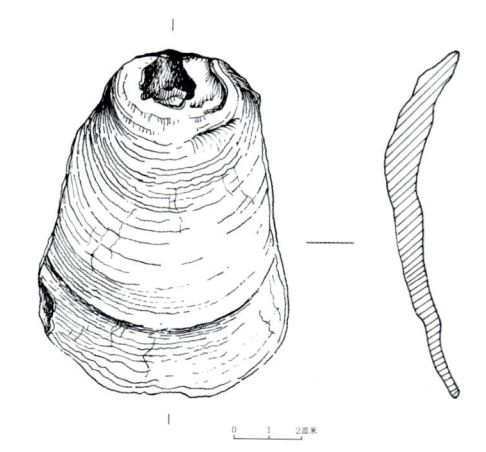

陶器

罐（TS10W1⑤A：14）

　　夹粗砂灰黑色陶。敞口，尖圆唇，束颈，溜肩，鼓腹，圜底，底部微平。腹最大径位于腹上部，口沿外壁饰两道凹弦纹。颈部以下饰比较杂乱而且浅的粗绳纹，施纹后经过压平，纹饰浅而模糊，内上腹壁有凹凸不平的垫窝。口径22.4、高32厘米。

罐 (85PKT609④A:11)

　　胎灰黑色，夹粗砂，胎质较硬。敞口圆唇，束颈，鼓腹，圜底，腹最大径在中部以下。口沿成花瓣状，共4瓣，四角较尖圆。肩部压印一排贝齿纹整齐而规则，腹中部戳印扁圆形或长条形的点纹，共两排，方向相反。外壁灰色，内壁灰黄色。口径12.4、高12.9厘米。

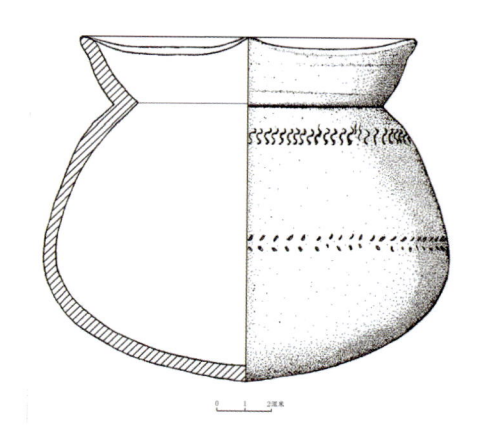

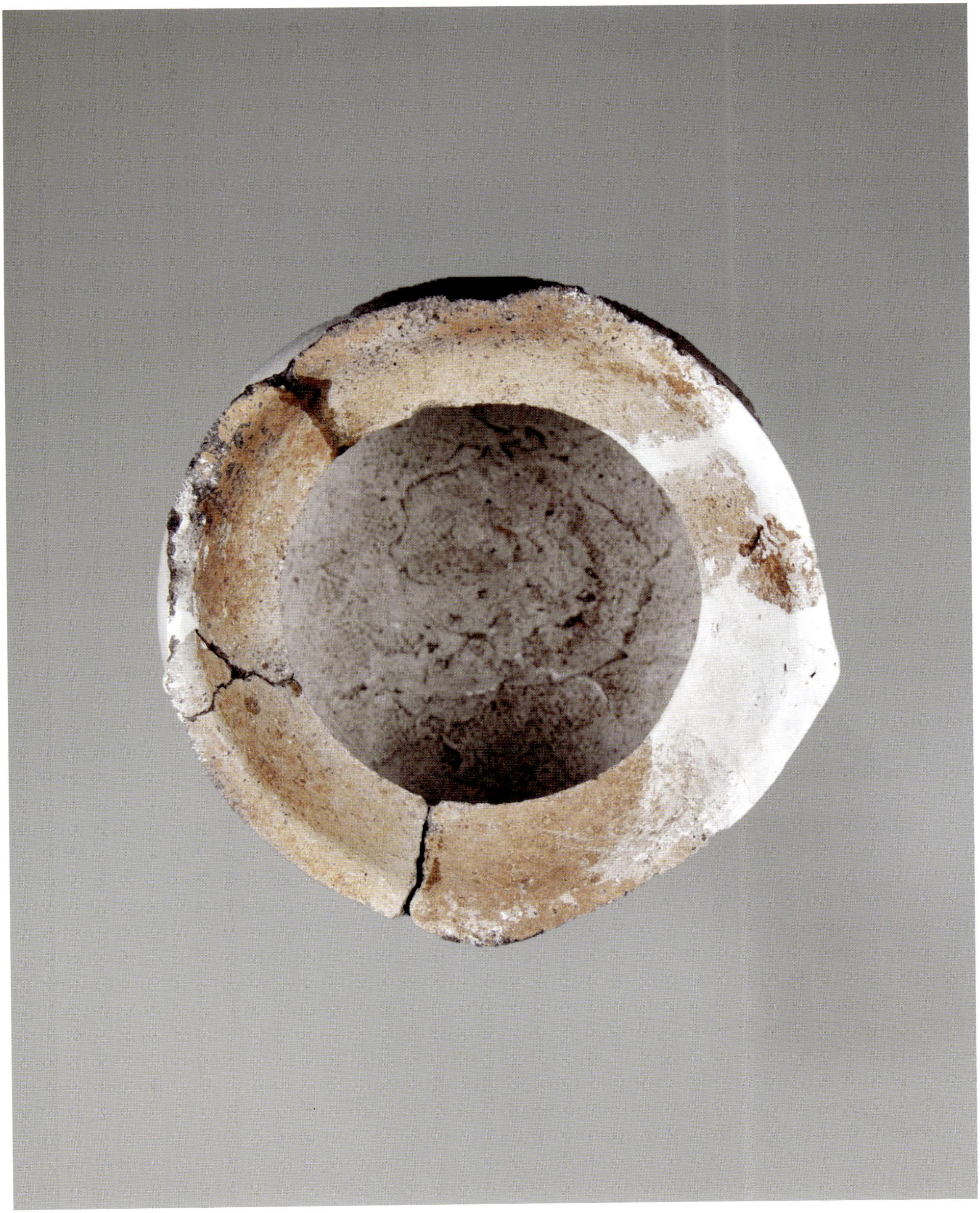

罐（TS10E5 ⑤：1）

　　夹粗砂红衣陶，表面施红衣。敞口，圆唇，凹沿，束颈，溜肩，圈底。腹最大径位于下腹部。肩部以下压印杂乱的粗绳纹，纹饰较浅，比较模糊。下腹部局部灰黑色。胎黑色，胎质比较疏松，口沿和腹部表面局部裸露粗石英颗粒。内壁下腹部有手制加工遗留的凹窝痕。口径23.8、高22厘米。

壶（85PKT609⑤）

泥质黑陶，胎灰黑色，细腻而薄。内外皆灰黑色，表面经打磨光滑，器表可见多处打磨纴痕。直口微敛，圆唇，长颈，折肩，折腹，足部残缺，应为矮圈足。口径9.3、残高17.4厘米。

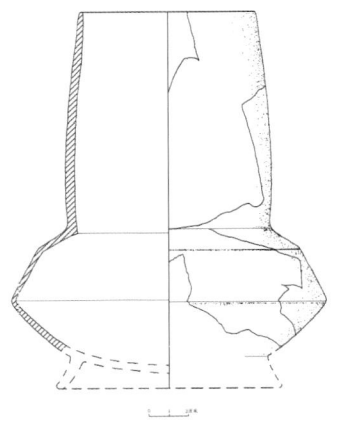

碗（T403 ⑤：57）

泥质胎致密，质地较硬。口微敞，圆唇，口沿稍下方略内收后，硬折斜向下至底，圜底近平。唇面压成锯齿状，制作规整。器表黑色与红黄色，色过度自然，应是火候原因，表面抹光。口沿处有慢轮修整的痕迹，素面，内壁为浅黄色，平滑。口径15.6、高6.2厘米。

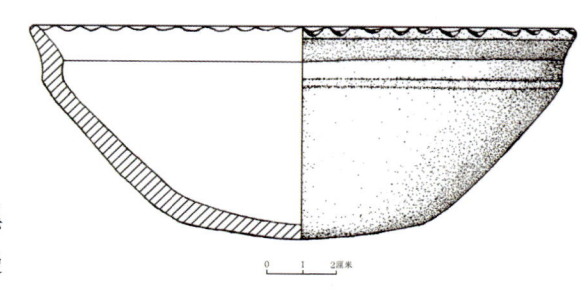

镂孔圈足 (85PKT608⑥：7)

泥质磨光黑陶，胎黑色，致密，胎厚 0.5 厘米。足外壁斜直，至足缘折而内收，有圆形和长条形镂孔。底径 17.6、残高 3.3 厘米。

支脚（TS7E7 H7：1）

夹粗砂红褐色陶，顶部残。器身圆柱形，足部喇叭形，内中空不通顶，表面压印斜向粗绳纹，大多脱落，器表比较粗糙，近足部保留纹饰。

支脚 （85PKT605⑤）

夹粗砂灰黄陶，胎红色，陶制较坚硬。"祖"形，器身呈圆柱状，中空不通顶。顶腹间分界，有明显手制压印痕迹。腹上部周身饰短而直的压印线段，顶部凸起，依稀可见麻点纹。喇叭形足，足弓部分较浅。底径7.6、高12.2厘米。

豆柄（底部） （85PKT404⑤：1）

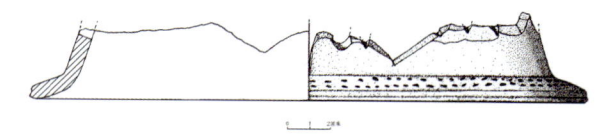

泥质黑陶，表面经磨光，可见慢轮修整的弦纹。胎有两色，内为灰色，外为灰黑色，界限明显。残存部分足部较宽，足缘加工仔细，足底外撇，足面戳印2排卵圆形小孔，未穿透，每个戳印方向统一，大小相近，柄部残存2个镂孔之间有6个三角形的镂孔，从器外向内戳出三角形镂孔，间距1.5厘米。底径25.6、残高4厘米。

105

支脚 (85PKT403⑤)

夹粗砂灰黄陶，胎红色，质地较坚硬。圆柱形，顶平且略向外突。器身直壁，中空不通顶，喇叭形足，足弓部分较浅。底径8.2、高12.2厘米。

豆柄 （85PKT606⑤A）

泥质，胎黑色细腻。豆柄呈喇叭形，方圆唇，斜壁，上部残。足缘上方戳印一排卵点形的纹饰，中部是米粒形镂孔，由外单面戳成。内外皆灰色，光滑。底径9.1、残高3.6厘米。

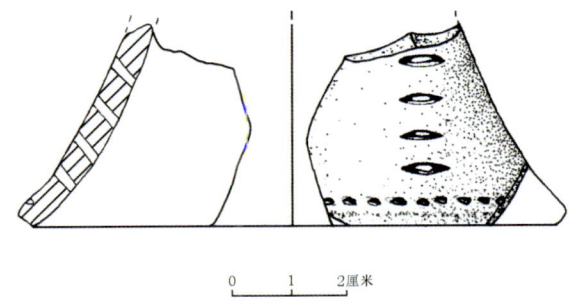

豆盘（85PKT305 ⑤）

泥质，胎黑色细腻，外表灰褐色，较粗糙，内壁黑色，经过慢轮修整并打磨光滑。豆盘口微敞，圆唇，折腹，腹部较平，豆盘较浅。口径 21、残高 3.1 厘米。

罐（85PKT504⑤）

夹粗砂，胎灰黑色，呈片状节理，质地较细密，陶质较硬。器表为灰黑色，内壁灰黄色。敞口，圆唇，束颈，溜肩，肩以下残，口沿经过慢轮修整，痕迹明显，外壁刻划3道细条纹，肩部压印麻点纹。颈部经过按压加固呈"＜"形。口径连接处还残有2个贝齿压印纹。口径17.9、残高5.6厘米。

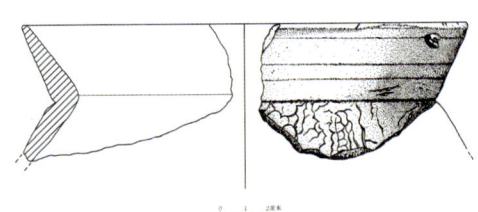

罐（85PKT606⑤：15）

夹粗砂，胎灰黑色，呈片状结构，质地较疏松。外壁灰或灰黑。敞口，圆唇，束颈，鼓腹，腹径最大处在中部。口沿外壁弧形，刻划粗且深的条纹及一些较浅较细的条纹，肩、腹部饰麻点纹，纹饰模糊。腹内壁可见手指的凹窝印，罐外表可见暴露的粗砂粒。口径17.6、残高13厘米。

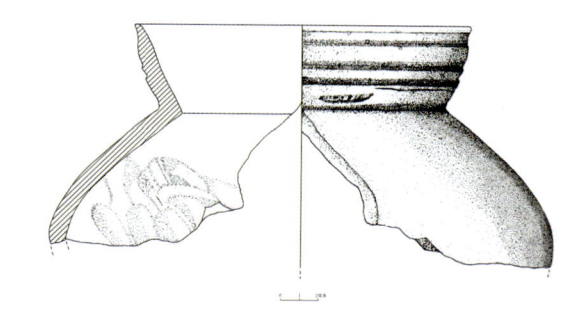

111

罐 （85PKH5）

夹粗砂红陶，胎灰黑色，呈片状节理，质地较坚硬。表面红色偏黄，内壁灰黄色。敞口，束颈，斜肩，肩部以下残缺。腹径最大处应该在中部。颈部按压加固的凹弧面明显，口沿略外折，内部有明显的棱，下方微凹。唇面按压成锯齿状，口沿外壁刻划六道平行的条纹，最上二道较窄和浅，其余四道宽且深，各纹刻划较直，第五道扭曲较大。肩腹部压印平行，局部有交错的贝齿纹，并用手抹平，纹饰模糊。内腹壁有较多大小不等的凹窝，腹最大径处胎最薄。口径 25.2、残高 11.3 厘米。

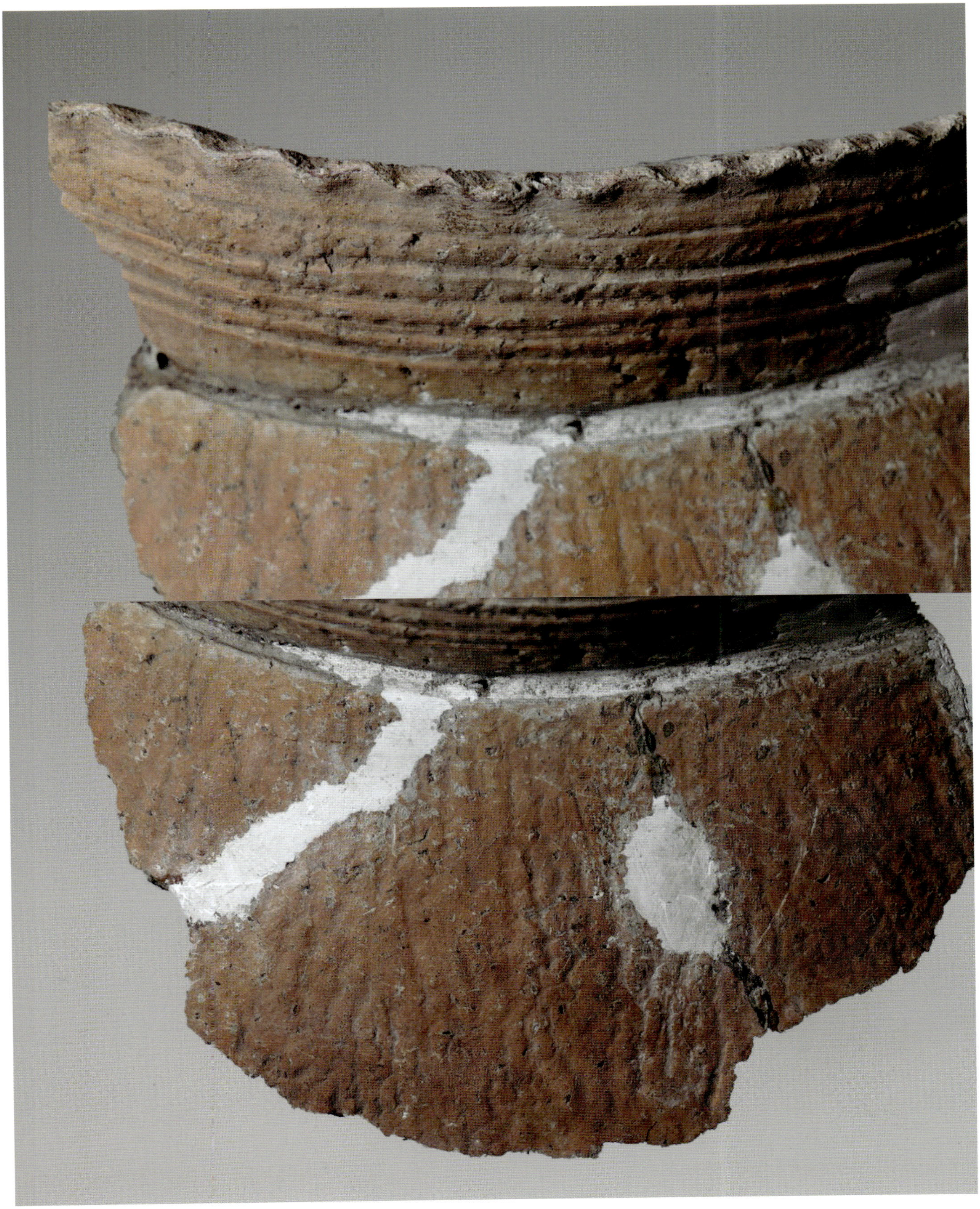

罐（85PKH11：1）

夹粗砂，胎黑色，呈片状，质地较坚硬。内外皆灰色。敞口，圆唇，束颈，溜肩，鼓腹，底部残。口沿外壁弧，内壁凹弧形，上方略外折。口沿经过慢轮修整，颈部按压加固成明显的"＜"形，使得肩部明显隆起一道凸棱。内壁粗糙，有许多大小不一的凹窝。外壁则较光滑，饰贝齿压印纹，局部有交错，纹饰压印后用湿手抹光。口径20、残高9.8厘米。

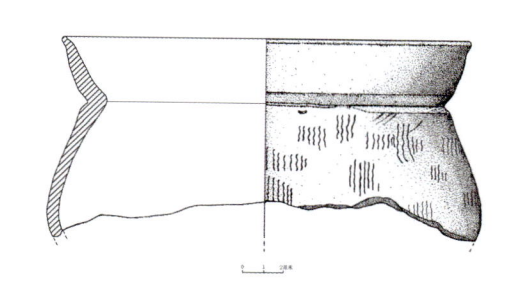

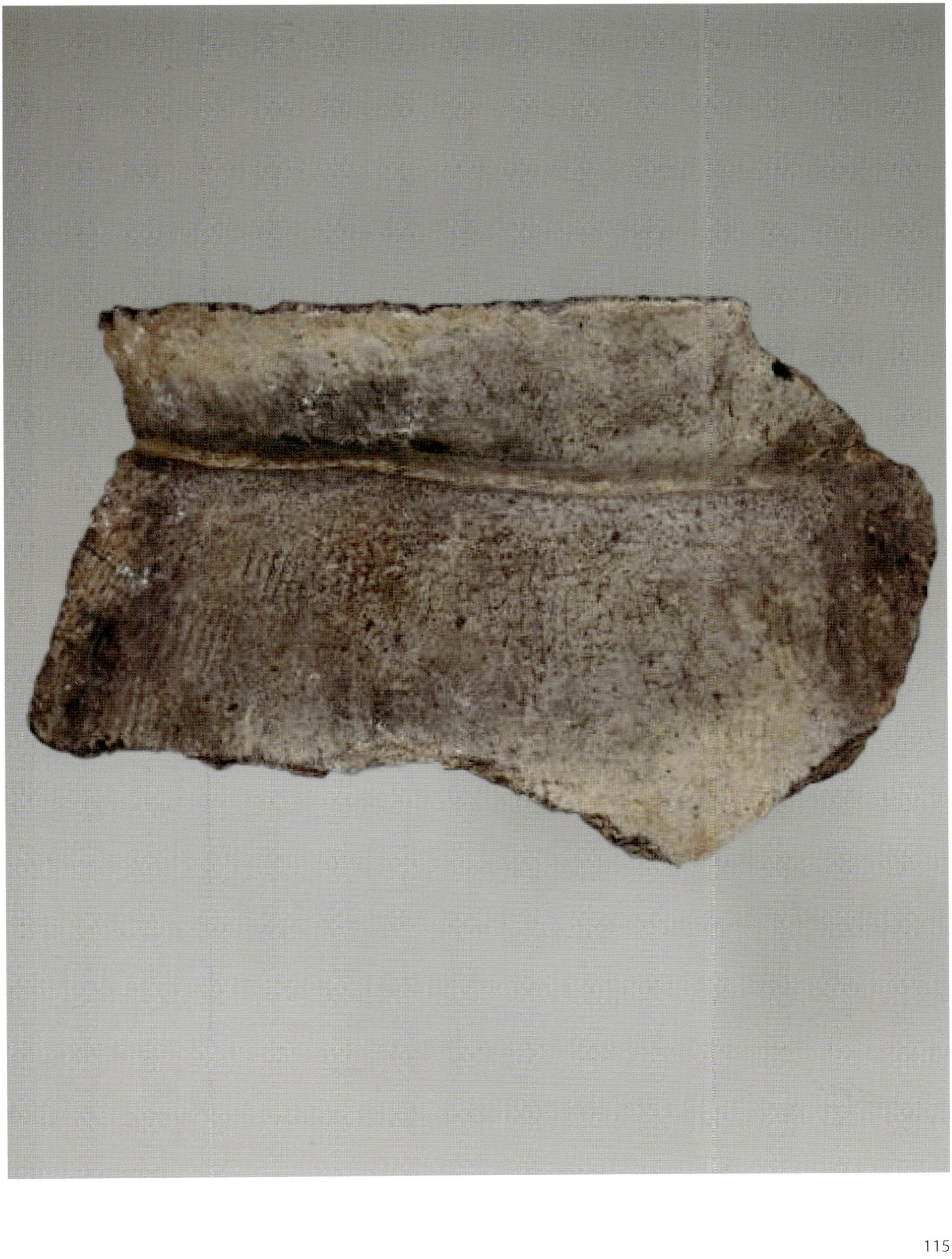

罐（口沿）（85PKT504⑤）

胎黑色，呈片状节理，质地粗糙，夹粗砂和贝壳碎屑。敞口，圆唇，束颈，斜肩，腹、底残。口沿外表粗糙，灰色，下方刻划1道条纹，颈部压印贝齿纹，纹印清晰、较短。肩部有2道刻划细条纹。该罐自口沿至颈部有较厚贴片，贴片下有原先刻划的条纹，补完贴片后再重新刻画纹饰，表明此件器物经过修补后再使用。口径14.3、残高4.6厘米。

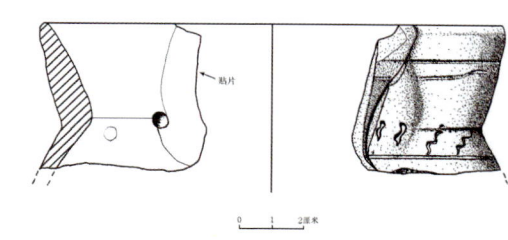

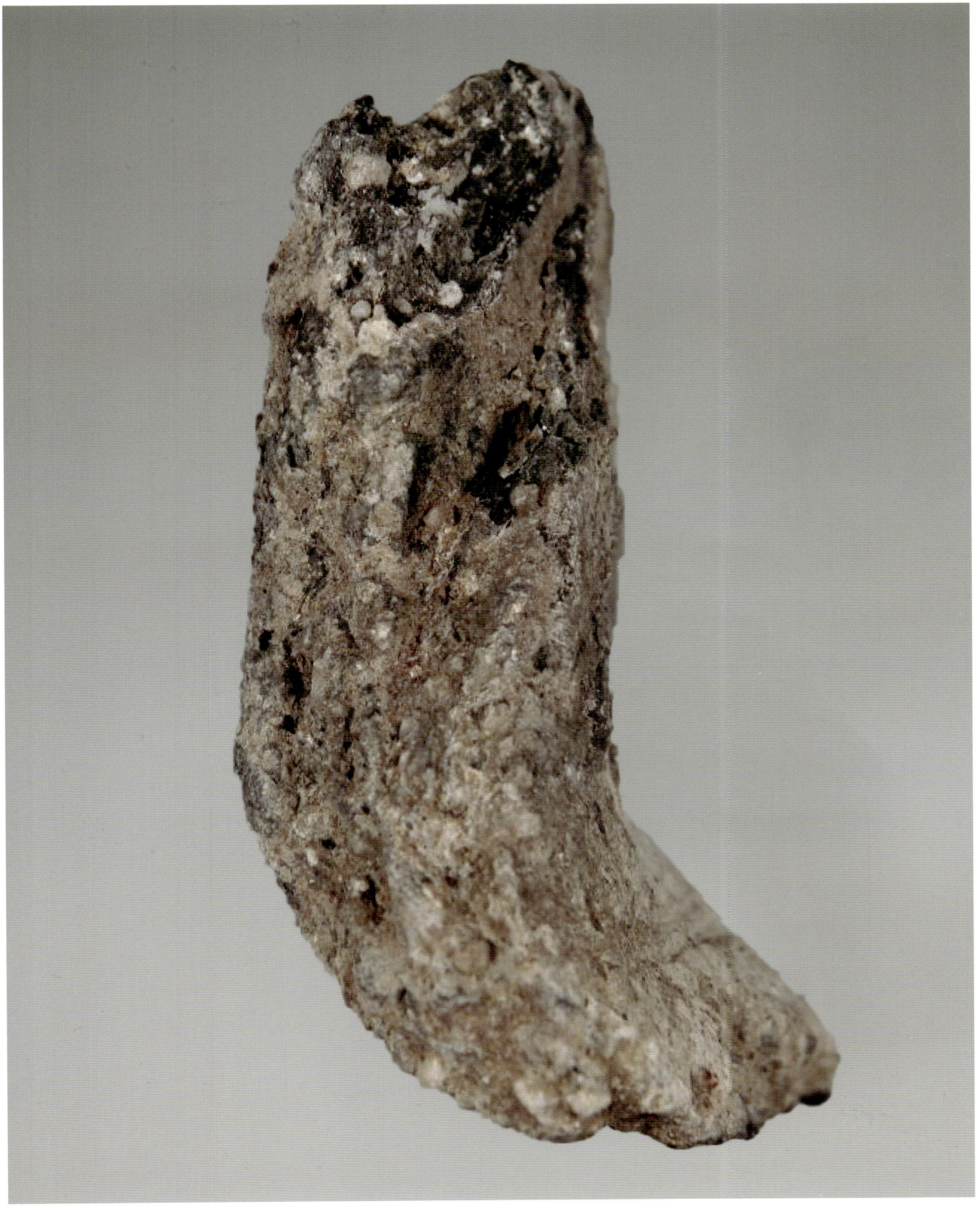

罐（85PKT607 ⑤：12）

胎黑色，夹粗砂和贝壳碎屑，砂粒多露出器物表面。内外皆灰褐色。敞口，圆唇，略向外卷，口沿内壁凹弧状，束颈，斜肩。口沿外壁刻划六道平行条纹，最下方一道宽且深。肩部有一排长方形的戳印纹，相互错开排列。唇面压印大量的短斜线，颈部经过按压加固，外表经过抹光。口径11.8、残高5.4厘米。

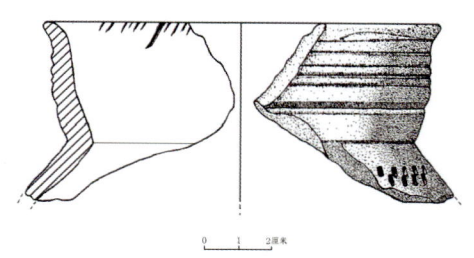

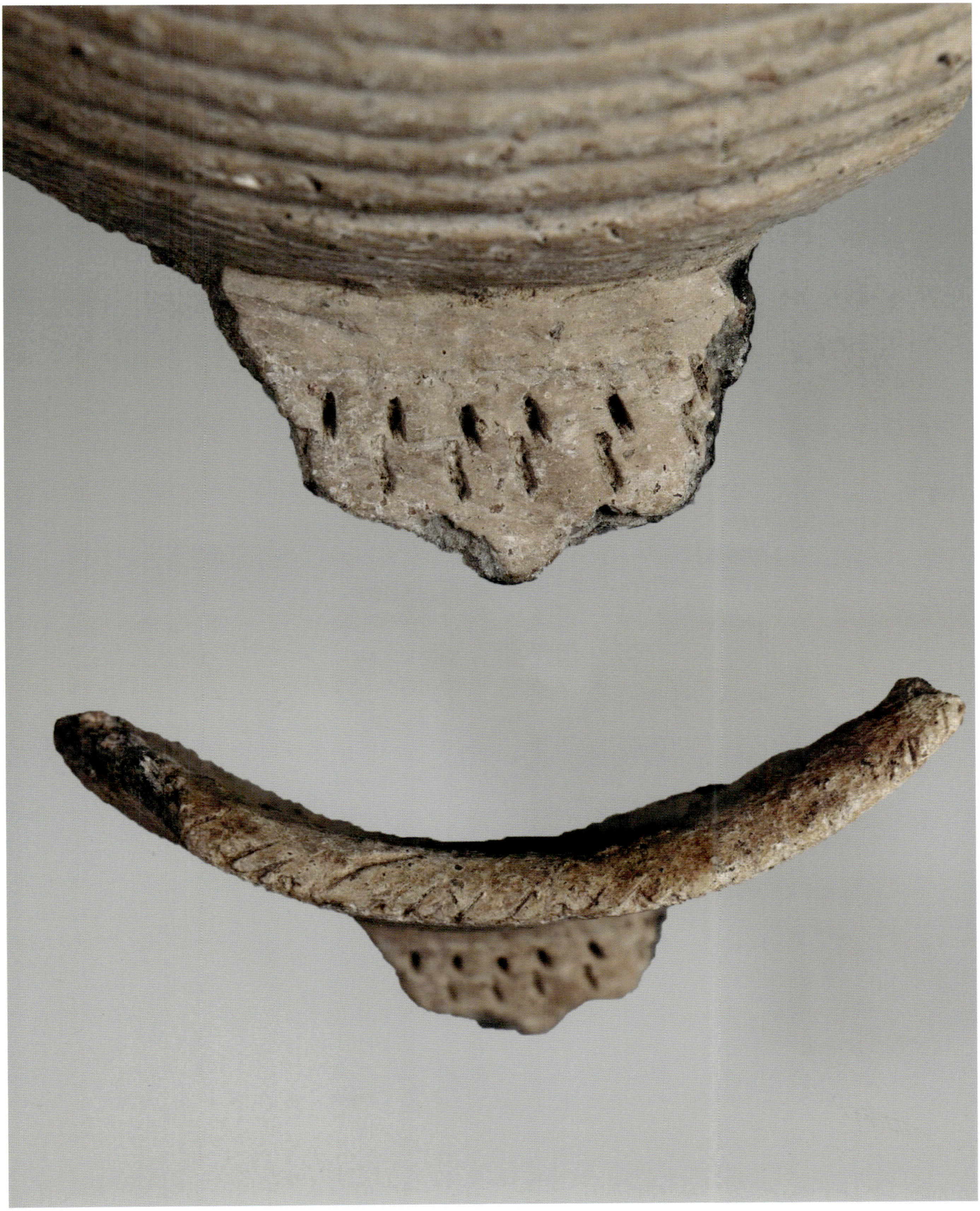

罐（85PKT404④A）

　　胎褐色，夹粗砂和云母碎屑，质地较硬。敞口，圆唇，束颈，斜肩，肩以下残。内壁褐色。器表呈灰褐色，口沿外壁成红褐色，刻划条纹，肩部刻划斜条纹与贝齿压印纹组合纹饰。颈部经过按压稍有内凹。口径 11.8、残高 4.5 厘米。

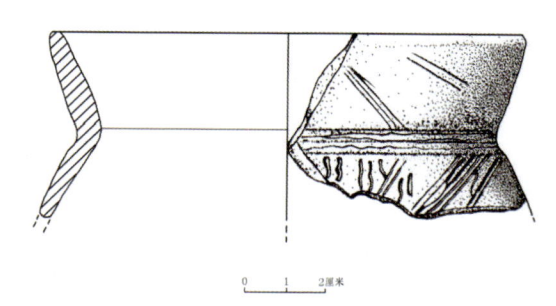

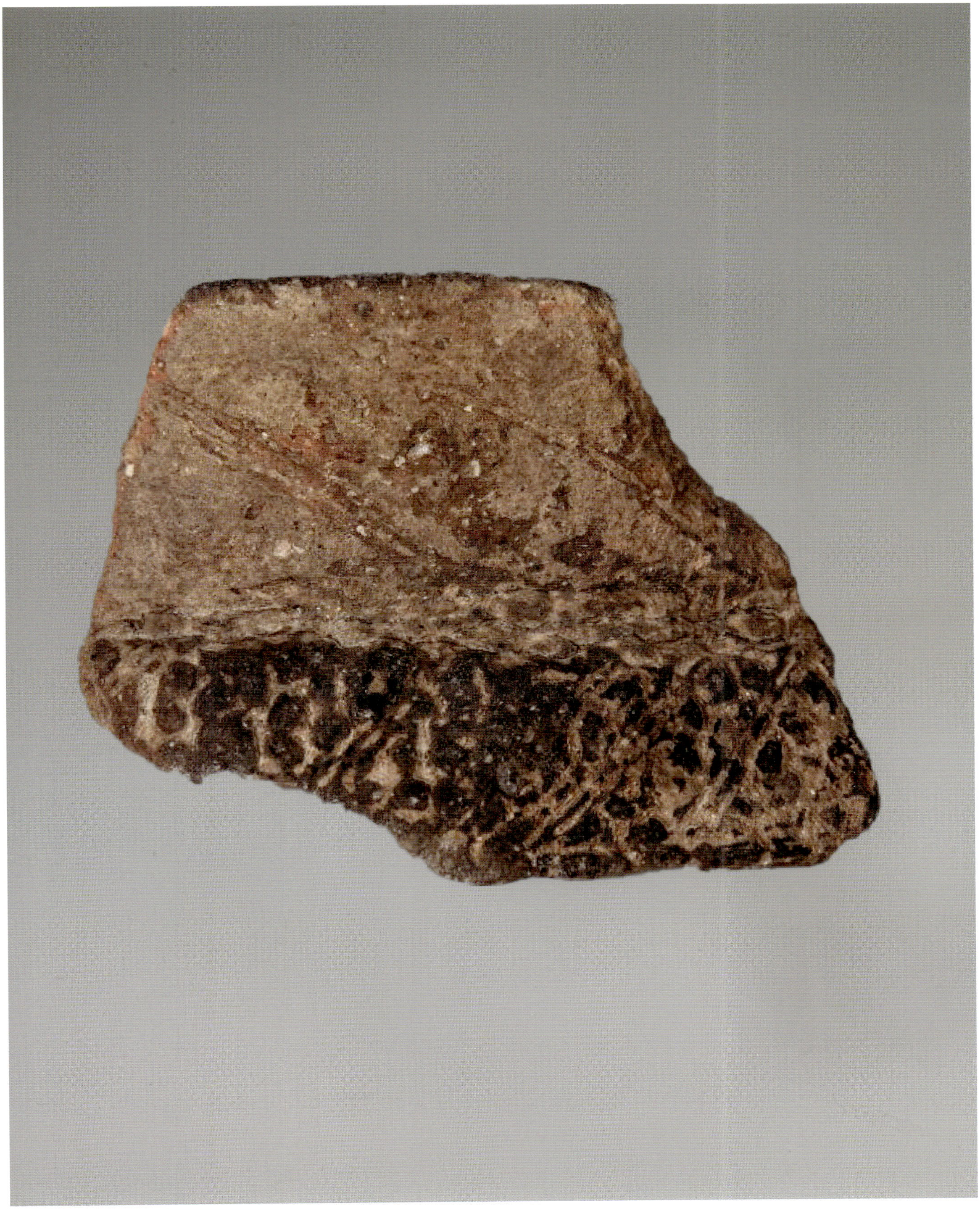

罐 （85PKT205⑤）

胎褐色夹细砂，较细腻，质地较坚硬。敞口，方唇，束颈，斜肩。外壁灰黑色，经过打磨。残存的肩部上方横向戳印一排卵圆形或方形的点纹，排列规则。另有斜向戳印的二排与横向的相交。内壁浅褐色，颈部可见较浅的凹窝和一些划痕和植物印痕。口径14.2、残高5厘米。

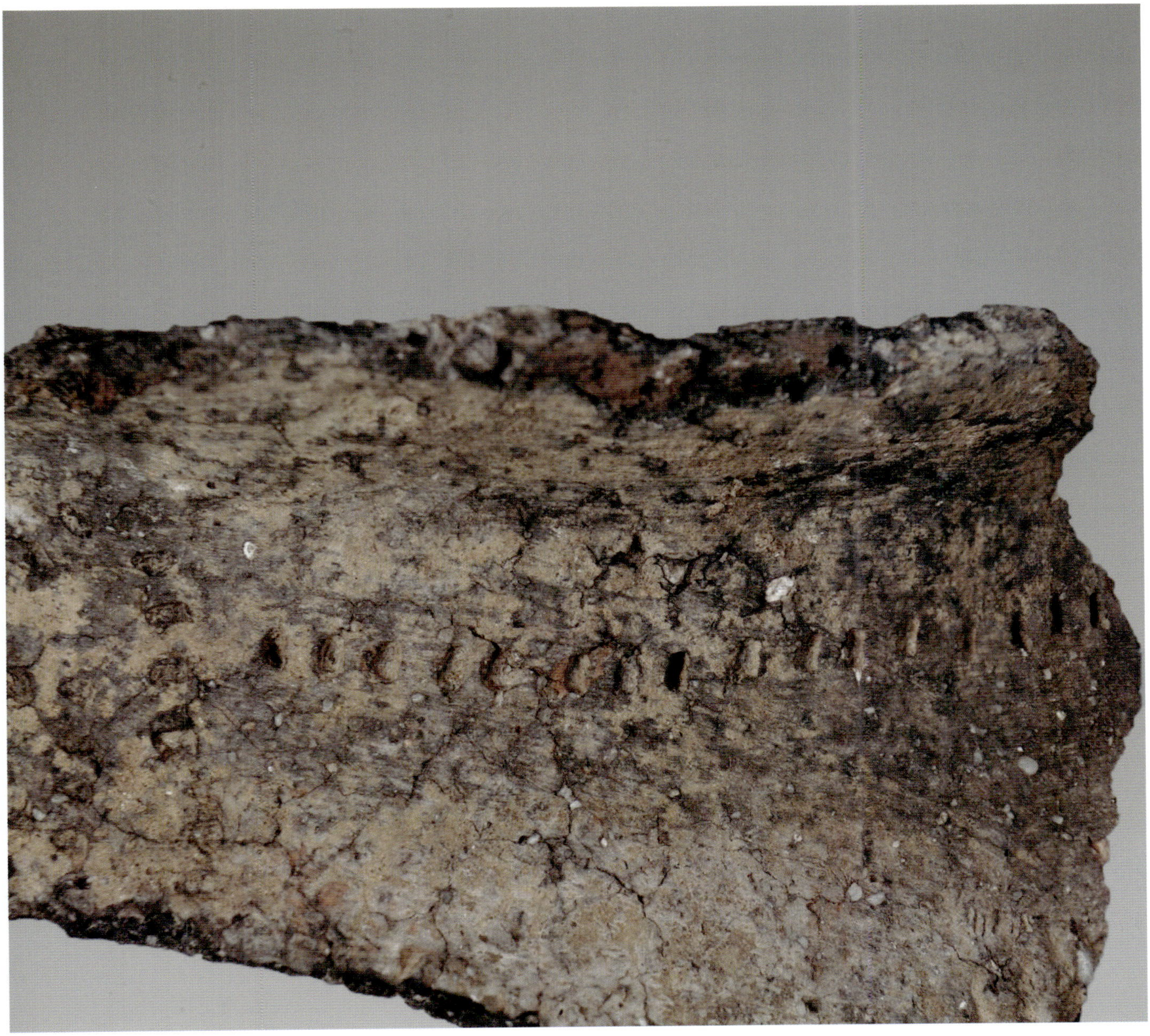

罐（口沿） (85PKT403⑤)

夹细砂，胎灰黑色，质地较疏松。敞口，圆唇，束颈，鼓肩，肩以下残。外壁灰黑色，口沿外无纹饰，肩部饰刻划纹，刻划斜线之间为横向短斜线。口径7.6、残高2.4厘米。

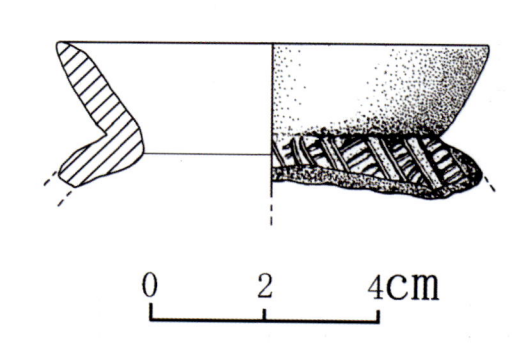

碗 (85PKT605⑤)

　　胎灰黑色，夹粗砂和贝壳碎屑，疏松，质地较软。外表呈色不均，黑色或褐色，内壁黑色，表面粗糙露出砂粒，素面。直口，圆唇，弧腹，底残。口沿下方，腹部上方有凸棱1道。口径16、残高5.2厘米。

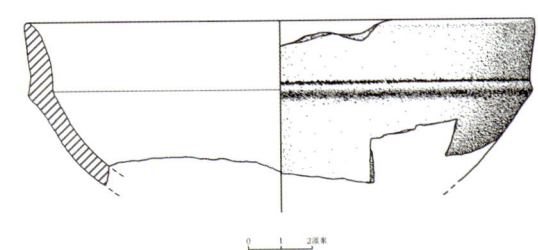

釜（85PKT503⑤）

夹粗砂，胎灰色，夹粗砂和贝壳碎屑，致密，呈片状。器表灰黄，内壁灰色，凹凸不平。口沿上方内折成敛口，方圆唇，唇面平，中间有刻划1道浅槽。口沿外壁刻划5道凹弦纹，宽窄不一。束颈，颈部按压整齐压痕呈"＜"形。保留小部分腹部，斜直，表面压印贝齿纹，斜向呈平行分布，局部有交错，略模糊。口径31.2、残高11.2厘米。

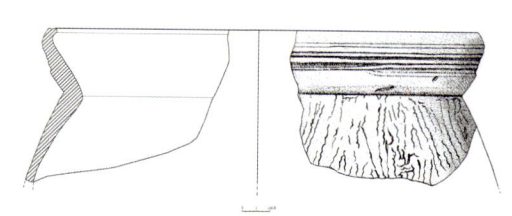

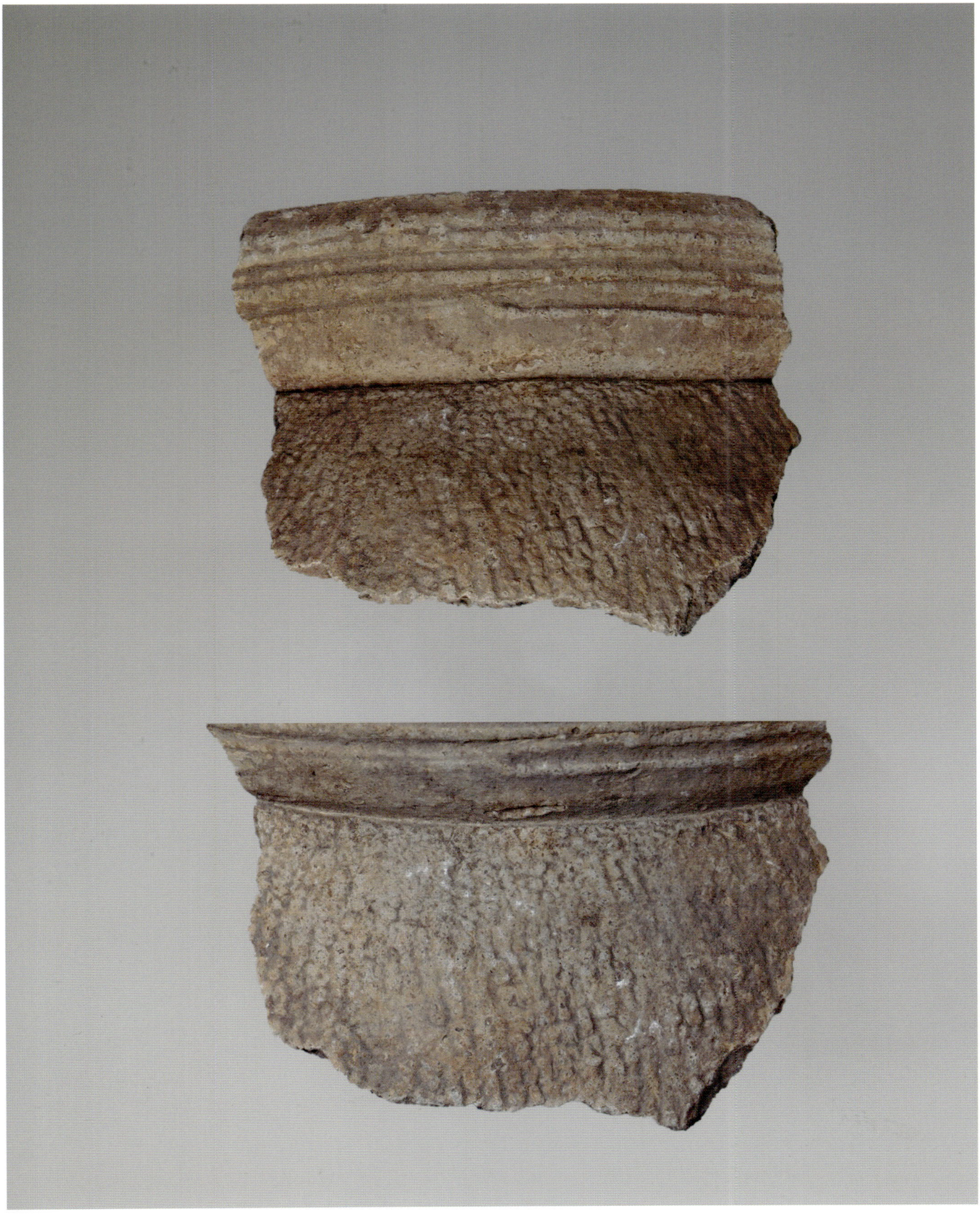

釜（85PKT606⑤：16）

残存口与腹的上半部分。胎灰黑色，夹粗砂和贝壳碎屑，呈片状，质地较疏松。敞口，圆唇，束颈，鼓腹，腹径最大处在中部。外壁灰褐色，内壁灰黑或深灰色，遗留有指窝、草秆痕迹。外壁口沿弧形，刻划三道粗且深的条纹及五道刻划细条纹，肩、腹部饰压印贝齿纹，齿纹相互叠压，已模糊。颈部有工具按压的明显痕迹。口径22.8、残高10.5厘米。

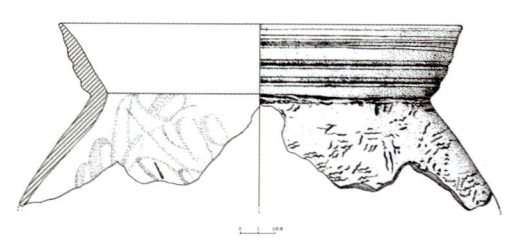

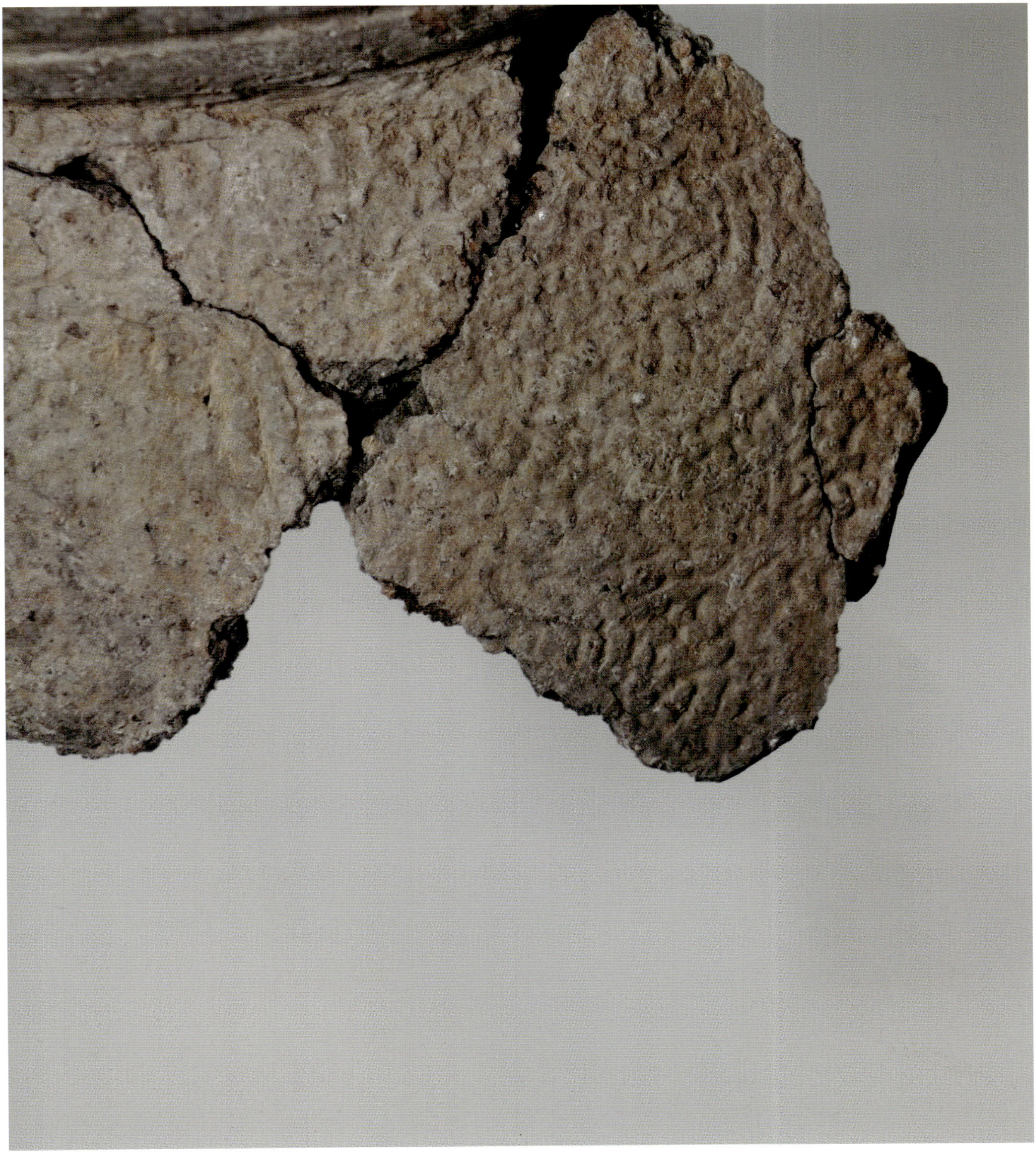

釜口沿 （85PKH8：2）

夹粗砂，砂粒粗大，外表灰黄色，胎深灰色。敞口，圆唇，口沿面呈锯齿状，系用工具或指腹按压形成。口沿外壁呈弧形，刻划四道弦纹，宽窄、深浅不一，最下方一道最宽最深。内壁凹弧状，无纹饰。束颈，颈部有按压的印痕残存，釜身上压印纹饰，已模糊不清，似贝齿纹。口径27.2、残高6.4厘米。

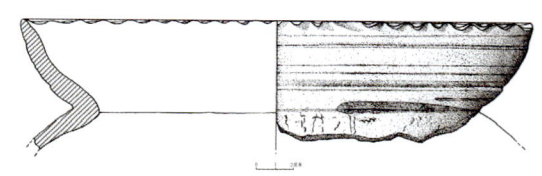

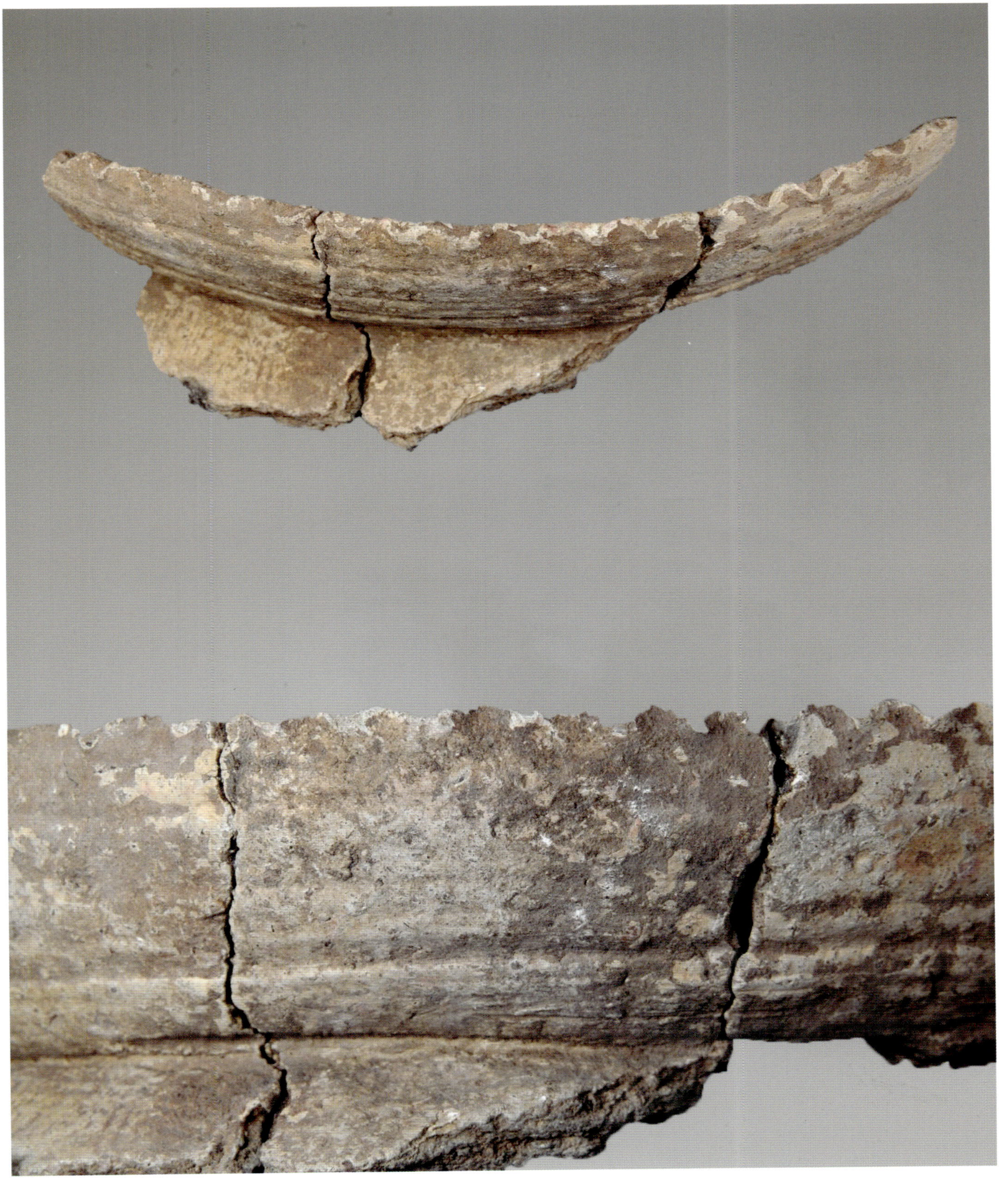

釜（85PKT503⑥）

夹粗砂灰褐色陶，胎深灰色，呈片状节理，质地疏松、较坚硬。敞口，圆唇，束颈，弧腹。外壁口沿以下、颈之上有七道刻划的弦纹和较模糊的贝齿纹。腹部压印贝齿纹与刻划的弦纹组合纹饰二组，贝齿纹之间是刻划的弦纹，共七道，贝齿纹齿数五个，排列整齐。颈部也可见压印纹。口径18.8、残高6.6厘米。

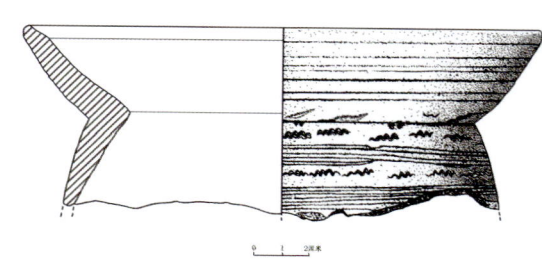

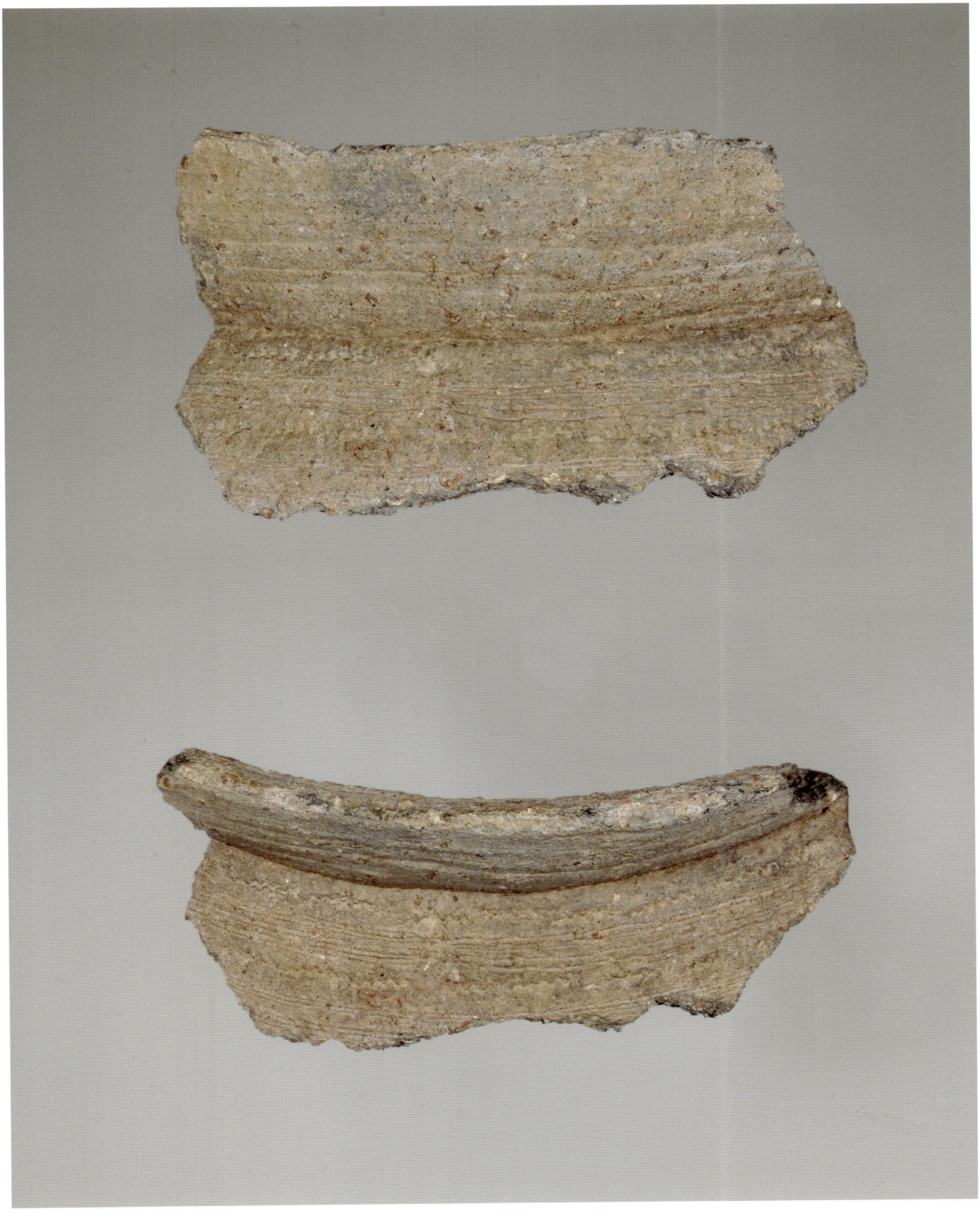

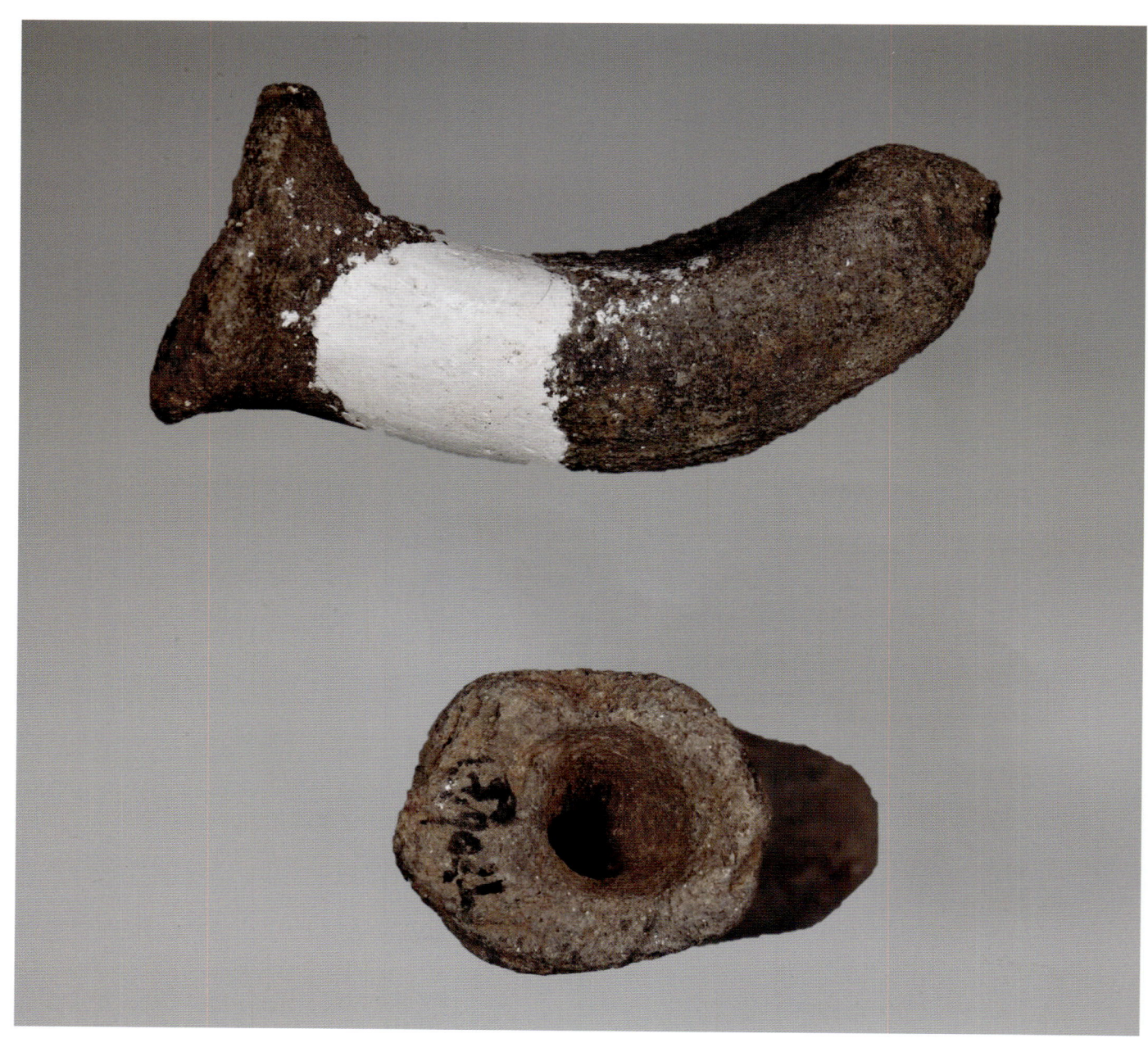

羊角錾（85PKT706⑤）

夹砂灰陶，胎深灰色夹细砂，手工捏制而成。上部扁平，横截面为不规则的椭圆形。平面呈弧形，尾端上翘，与器身相连部分宽大，可见一个孔，深2.2厘米，宽1.8厘米。其余部分为实心。长6.8、厚2.1厘米。

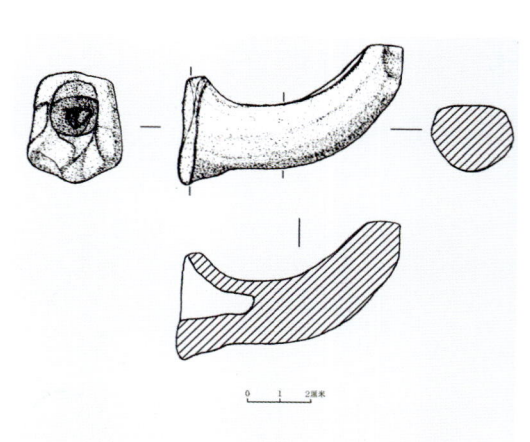

耳（85PKM1）

夹粗砂灰陶，胎偏青灰色，较致密，质地较硬。平面呈长条形，中空，孔较宽而扁，表面残存一个完整的半月形的镂孔，另一个只剩孔壁，镂孔孔壁直，单面钻成，侧面圆弧，平滑。另一侧粘连在器物的腹部，器物的粘连痕迹明显，腹部斜弧。三角镂孔长1.2、宽0.6、深1.1厘米。残片宽3.5、高4.6厘米；中部孔宽2、高1.2厘米。

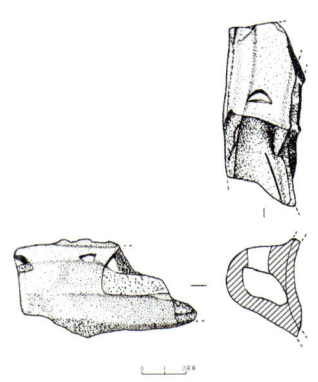

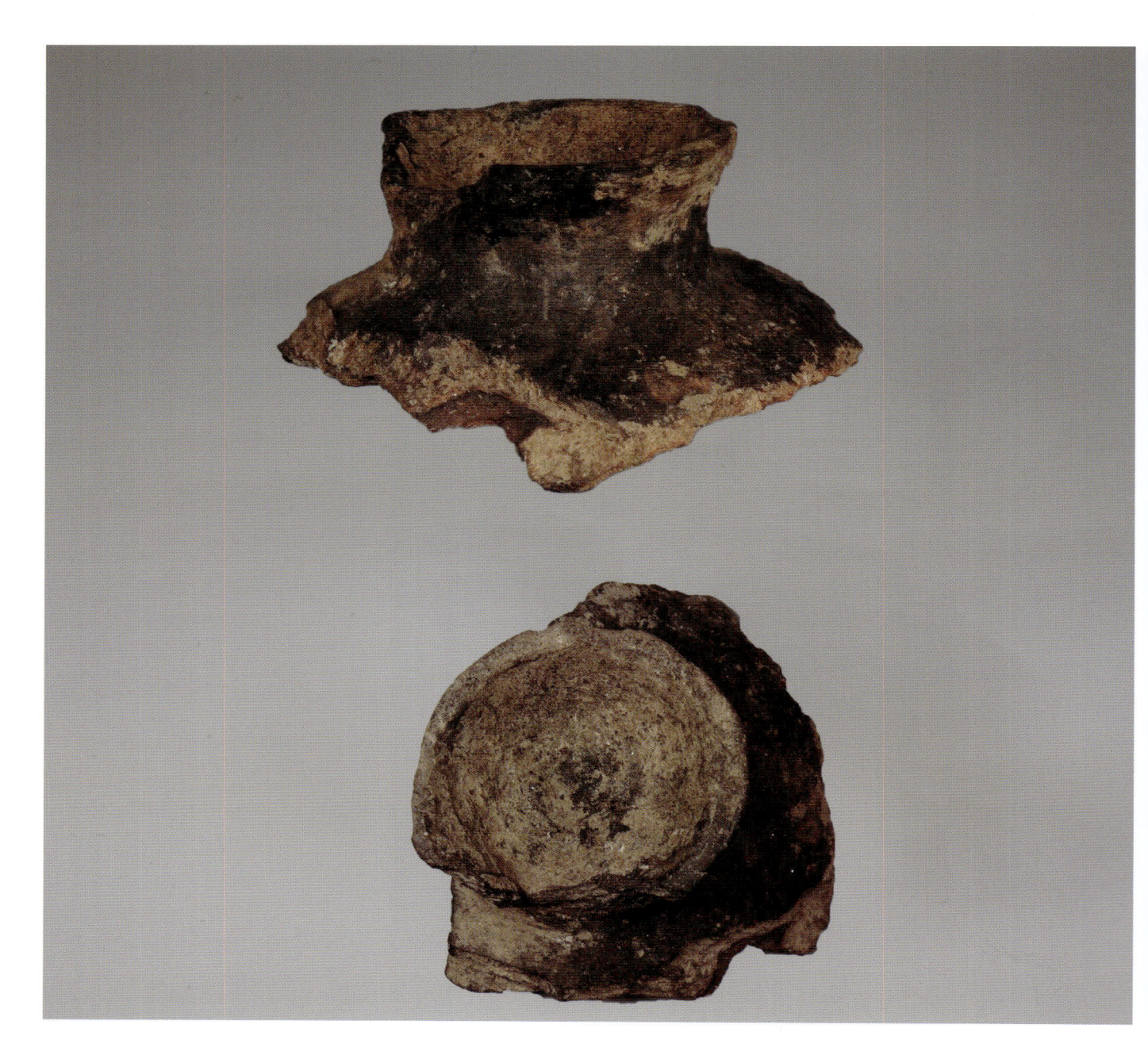

器盖（85PKT606⑤：2）

胎褐色，致密，夹细砂和贝壳碎屑，火候高，质地坚硬。器表灰黑色，因羼和贝壳而闪闪发亮。盖覆盘形，弧腹。提手呈圈足状，微敞，方唇。盖提手直径4、残高3.4厘米。

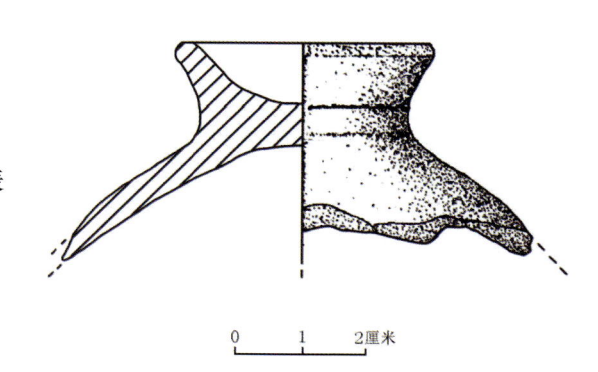

网坠 （85PKT704 ⑤：12）

夹粗砂，胎灰色，较致密，质地较硬，残存不足四分之一。外表灰褐色，弧形，中部较两端略鼓。中间是穿孔，孔壁斜直略弧，直径约2厘米。孔壁可见穿孔使旋转的痕迹。高4.1、残宽2.8、壁厚1厘米。

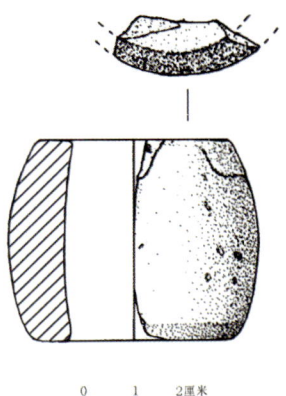

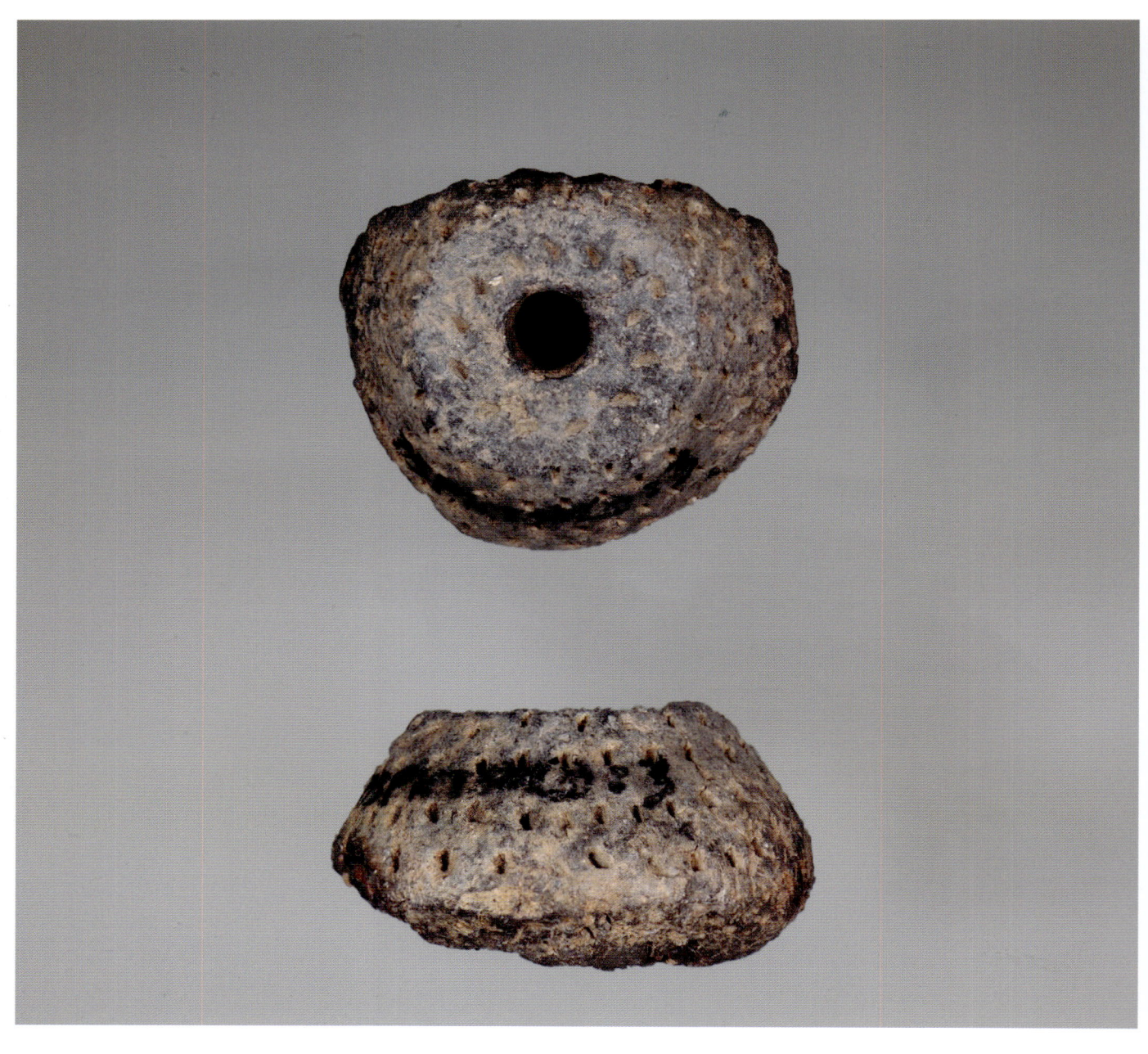

纺轮 （85PKT501⑤：3）

灰色，夹粗砂，胎质疏松，呈片状节理。平面呈圆形。下部残，表面经抹光，平整。侧面一周及顶面戳印卵形或长方形的点纹，排列规整，侧面共四排，顶面一圈。穿孔位于中心，规整，单面钻成。最大直径5.1、顶面直径3、残厚2.7厘米。

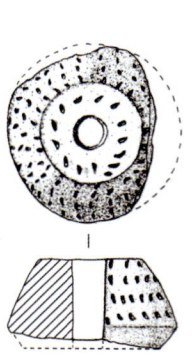

戳印三角镂孔陶片（85PKT408⑤）

泥质红陶，内外显浅红色。胎灰黑色，细腻，陶片较坚硬。外壁上部戳印处三角形纹饰，共11个，下部残存3个三角形镂孔，中间的完整，两旁的残缺，下方呈椭圆形镂孔。镂孔皆单向钻成。厚0.7厘米。

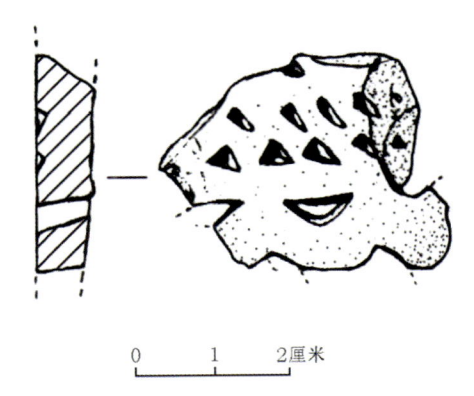

胎片状层理结构

戳点纹拓片

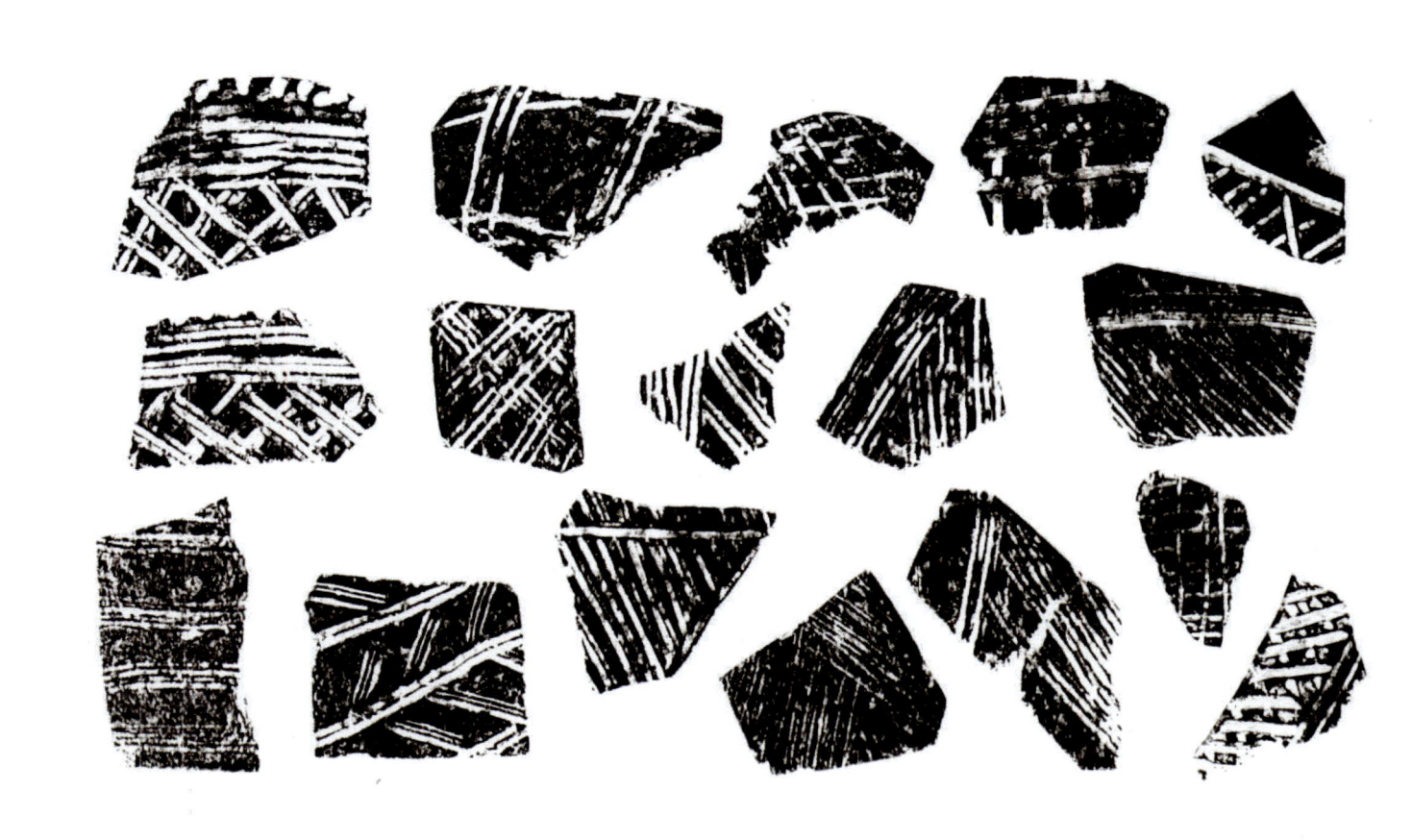

刻划纹拓片

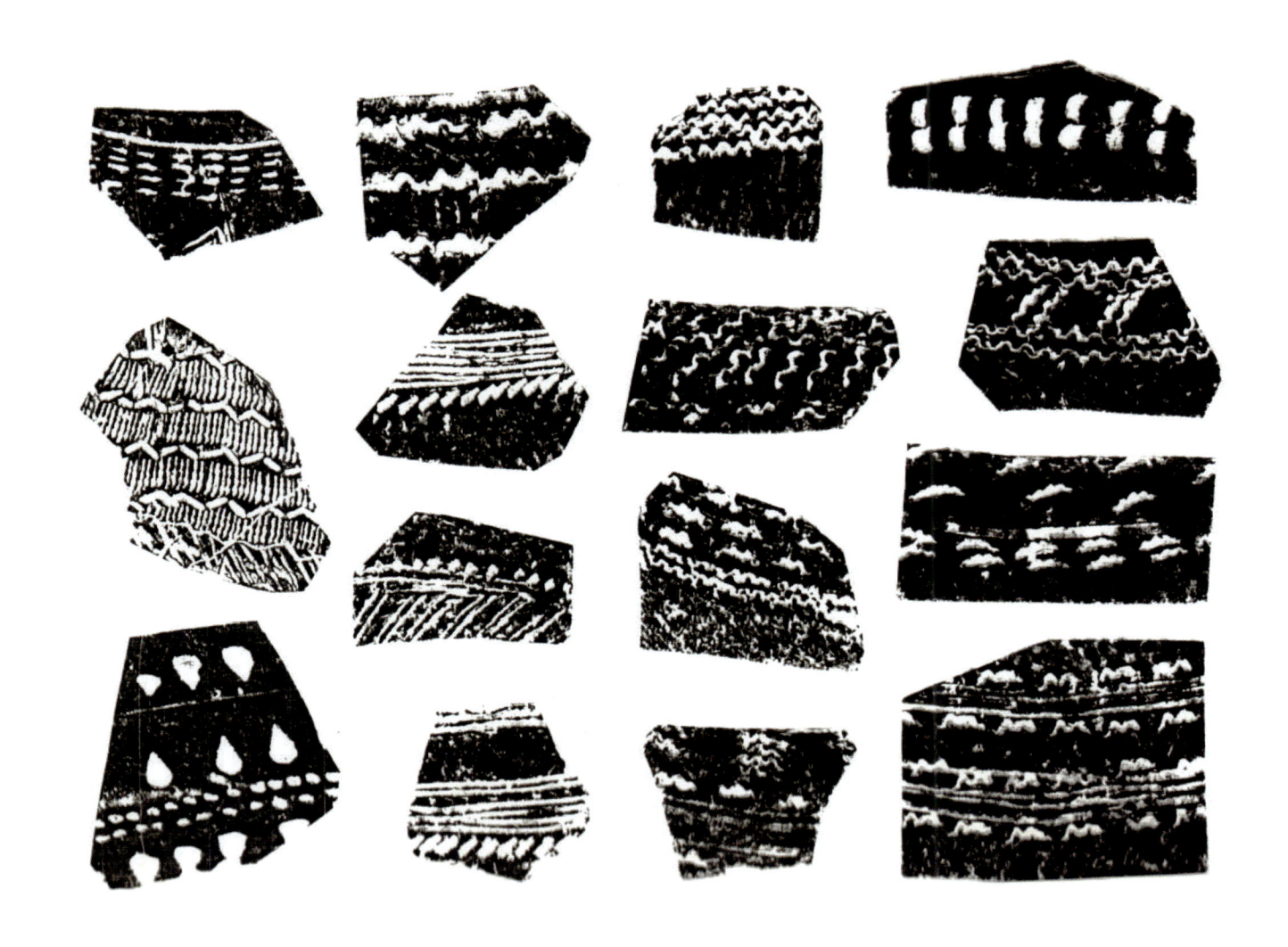

刻划纹及复合纹饰拓片

麻点纹、绳纹、条纹与网格纹拓片

东花丘遗址

东花丘遗址位于平潭县平原镇山显美村南垄村东北约 300 米的台地上，西邻马后埔山，整体地势呈北高南低，西高东低，现存面积约 20 万平方米。地理坐标为北纬 25°37′20.83″，东经 119°45′20.73″，海拔约 13 米。

遗址 2016 年调查发现，2017 年福建博物院牵头进行正式发掘，主要区域位于山体坡脚。2023 年中国社会科学院考古研究所牵头发掘，发掘区选择遗址的北部、西部、西南部和南部，分 A、B、C、D 四个区域进行，由北向南，沿山体由高向低，全面了解遗址属性、功能分区和文化面貌。通过发掘推测遗址的西部及北部为生活居住区，南部为公共活动和仪式性活动区域。

石器

锛（TS16W11 陶片堆 1：3）

　　细砂岩。平面近长方形，弓背，斜顶，刃部不明显，通体细磨，修疤未磨平，顶部和背面及一侧有打制重叠疤痕，刃部有使用疤痕。长 9.3、宽 4、厚 2.9 厘米，重 167.1 克。

锛 （TS20W11 G2：1）

灰岩，刃部残缺。平面近长方形，横截面梯形，平顶，背微弓，通体未见磨痕，顶部、正、背面及两侧均有打制疤痕。残长8.2、宽4.9、厚2.7厘米，重164.1克。

锛（TN5E12⑤：1）

　　细砂岩。平面近梯形，截面扁平，平顶，单面刃，通体粗磨，部分修疤未磨平，顶部和两面及两侧均留有打制疤痕，刃部有使用疤痕。长6、顶径1.7、底径3.8、厚1.3厘米，重40克。

锛（TS21W10 活动面：9）

　　细砂岩。平面近梯形，截面梯形，弧顶，背微弓，单面刃。通体细磨，两面靠近侧面修疤未磨平，顶部和两面有打制疤痕，刃部有使用疤痕。长 7.8、顶径 2、底径 3.4、厚 1.9 厘米，重 73.6 克。

锛（TS5W3 G1∶4）

砂岩，刃部右侧残缺。平面近梯形，截面梯形，平顶，弓背，直刃，顶部、两面及两侧有打制重叠疤痕，通体细磨，顶部、两面靠近侧面修疤未磨平。长9.6、宽3.8、厚2.4厘米，重105.8厘米。

凹石（TS21W10 陶片堆 4：1）

　　花岗岩。平面椭圆形，截面扁平。一面中部因使用而形成近椭圆形凹窝，另一面因使用而形成散漫的麻点，一端有锤击疤痕。凹窝外径 3.6、深 0.4 厘米。长径 10.4、短径 9、厚 5.2 厘米，重 699 克。

陶器

钵形釜（TS20W11 Z6：3）

　　夹粗砂棕灰色陶，局部灰黑色。敞口，方唇，弧腹，圜底。内外壁均压印斜向细绳纹，局部交错，器表印纹深浅不一，内壁印纹较浅，局部模糊，口沿薄厚不均，局部有用泥条盘筑补贴，内壁近底部留有手制所形成的凹窝痕。口径 34.4、高 19.6 厘米。

钵形釜 （TS21W10 陶片堆 4：24）

夹细砂灰黄色陶。敛口、方唇，弧腹，圜底，器表压印斜向粗绳纹，表面脱落剥层，大多纹饰模糊不清，仅局部可见。内壁近底部留有手制所形成的凹窝痕。口径 40.8 厘米，高 19.2 厘米，壁厚 1—1.2 厘米。

钵形釜 (TN3E12 H24：1)

夹粗砂棕灰色陶，局部灰黑色。敞口，方唇，弧腹，圜底。器表压印斜向粗绳纹，局部交错，表面有不同程度脱落剥层，局部纹饰模糊。口径 34.4、壁厚 1.2、高 18.2 厘米。

钵形釜（TS21W10 陶片堆 4：8）

　　夹细砂棕黄色陶，局部灰黑色。敛口，方唇，弧腹，圜底。器表压印斜向粗绳纹，局部交错，纹饰较平，拟是制作过程中压平。内壁近底部留有手制所形成的凹窝痕。胎体厚重，内壁局部脱落露胎，胎黑色。口径 36 厘米，壁厚 1、高 18.8 厘米。

罐 (TS20W11 Z6：4)

夹粗砂灰色陶，局部灰黑色。敞口，圆唇，唇缘微外侈，长颈，溜肩，鼓腹，圜底。器表压印竖向细绳纹，局部有交错，印纹较深，纹饰较为清晰。下腹部至底部留有手制凹凸窝痕。口径18.8、高32.8厘米。

罐（TN3E12 ⑦：19）

夹粗砂红褐色陶。侈口，尖圆唇，束颈，溜肩，垂腹，圜底。表面严重脱落，观察不到纹饰。口径10.2、高11.7厘米。

罐（TS20W10 活动面：3）

　　夹细砂灰黄色陶，器表呈色不一，局部灰黑色。敞口，圆唇，唇缘外侈，束颈，溜肩，鼓腹，圜底。颈部以下压印竖向细绳纹，局部交错。下腹部至底部内壁有凹凸不平的垫窝。口径17.6、高25.8厘米。

罐（TN3E12 H22：2）

侈口，圆唇，束颈，溜肩，垂腹，圜底。腹最大径位于下腹部，表面脱落比较严重，观察不到纹饰。口径8.4、高9.5厘米。

罐（TS16W11 陶片堆 1∶8）

夹细砂灰黄色陶，器表呈色不一，局部灰黑色。敞口，圆唇，束颈，溜肩，鼓腹，圜底，颈部以下压印细绳纹，底部局部有交错。底部有凹凸不平的垫窝。口径 14.4、高 19.6 厘米。

单鋬鬶口罐【M2：15（17）】

夹砂灰黄陶，胎灰黄色，陶质较疏松。鬶口，单鋬，弧腹，平底稍内凹。制作较规整，口部压印成鬶口形流。腹部及外底拍印斜向条纹，已模糊。鋬呈曲柄形，接于腹部，下大上小，上部呈弧形上翘未与口沿相连。内底凹凸不平。长径8.4、短径8、底3.5、通高8.3厘米。

鬶口单鋬罐（M2：14）

泥质灰陶，胎质细腻，陶质坚硬，器型规整，敞口，长颈，鼓腹，平底。口部压成鬶口形流，颈较直，可见五圈凸弦纹。腹部拍印斜向条纹，腹最大径在中部，单鋬；这于口沿及腹最大径处，呈宽带状，素面无纹饰。底部也拍印斜向条纹，可见制作时残留的泥块，整个器型规整，体现了当时较高的陶器制作技术。长径11.5、短径11、底6.5、通高12.2厘米。

杯（TS20W10 H25∶5）

夹粗砂灰黑色陶，器表呈色不一，局部灰色，器型不规整。撇口，浅弧腹，实足微外撇，器表压印斜向细绳纹，印纹较浅，大多模糊，足内外壁有手指压印凹痕。口径11—11.4、足径6.8、高4.2—4.9厘米。

杯（TS21W10 活动面：4）

夹粗砂灰黄色陶，足端残缺。撇口，尖圆唇，唇缘微内敛，斜直腹，饼足，底部微凸。口沿内侧有二道凹弦纹，内腹壁有拉坯轮弦纹。口径10、足径5.2、高6.2厘米。

单耳杯（M2∶28）

泥质灰陶施赭衣。敞口，口沿外翻，唇沿微内凹，直腹，平底。腹底部有一周凸棱，腹部一侧饰单耳，腹外部刻划三角形组合直线纹。口径11、底径7.2、通高6.6厘米。

豆（M2：23）

　　原始瓷。敞口，唇外翻，斜弧腹，浅盘，高足，足跟外撇呈喇叭状。器物内外壁施酱釉，釉面脱落严重。口径13.7、足径10.3、通高13厘米。

支脚（TS6W2 Z1：1）

夹粗砂棕黄色陶，顶部残缺。圆柱形，中空通顶，足部喇叭形，器身与足交接处有手指压印痕，表面有脱落，比较粗糙，并裸露有石英粗砂粒。足径9.8、残高11.4厘米。

纺轮（TS6W3 G1：16）

夹细砂棕黄色陶，一侧面有缺失。圆形，截面扁平，中心对向穿孔，正面围绕中心有一周戳点纹。直径4、孔径0.5、厚0.8厘米。

龟山遗址

龟山遗址位于平原镇上攀村上攀村东南约500米处,为一座相对独立的小山丘,整体地势北高南低,南侧靠近东部有一凸起的小山包,现存面积约13万平方米。地理坐标为北纬25°37′52.8″,东经119°45′32.0″,海拔约16米。

2016年发现并试掘。后于2018年、2019年、2022年进行发掘。2022年发掘区域位于遗址的中部高台区域和东西侧边缘地带,探索遗址整体聚落形态和空间分布。通过发掘推测遗址南部山体背风坡为居住生活区域,中南部遗址中心地势较高处为为公共活动区域和仪式性活动区域。

石器

锛（TS8E7②：11）

　　凝灰岩，顶部残缺。现残存平面近长方形，截面近梯形，背微弓，单面刃。背面和两侧细磨，正面有打制疤痕未磨平，刃部有使用疤痕。残长6.2、宽5.7、厚2厘米。

锛（TS8E7②：53）

　　细砂岩，顶部和右侧缺失。现残存平面近长方形，截面梯形，背微平，单面直刃，通体磨制精细，修疤未磨平，正、背两面和一侧面有打制疤痕，刃缘有使用痕迹。残长8.4、残宽3.1、厚2.6厘米，重74.6克。

锤（TS8E7②：25）

花岗岩。平面长条形，横截面近三角形，两端因使用而形成小的疤痕及散漫的麻点。长 8.5、宽 3.3、厚 3.2 厘米。

凹石（TS7W6③：9）

　　花岗岩。平面椭圆形，横截面扁平，一面中部因砸击使用而形成近圆形凹窝，另一面中部则形成浅的凹痕及细密的麻点。凹窝外径4.3、深0.4厘米，长径10.8、短径7.9、厚5.2厘米，重642.6克。

凹石 （TS7W6③：24）

　　花岗岩。平面椭圆形，横截面扁平，一面中部因砸击使用而形成较深的近圆形凹窝，另一面中部则形成浅凹痕及散漫的麻点，凹窝长3.6、最深处0.5厘米。上、下两端因使用而形成散漫的麻点，凹窝直径4.3、深0.2—0.4厘米。长径9.6、短径7.2、厚5.1厘米。

陶器

罐（TS24E35②：1）

夹细砂灰黄色陶，局部灰黑色。敞口，长颈微束，溜肩，鼓腹，圜底内凹。颈部有四道凹弦纹，颈部以下压印竖向粗绳纹，印纹较浅，局部纹饰模糊不清，内外壁表面部分脱落露胎，颈肩交接处留有浅的手制压印凹窝痕，胎体呈灰黑色，陶胎较薄。口径20、高27.8厘米。

罐（TS24E35②：2）

夹粗砂灰色陶。敞口，圆唇，束颈，溜肩，鼓腹，圜底，腹最大径位于下腹部，颈部以下压印竖向粗绳纹，局部交错，印纹较深，纹饰清晰，上腹部贴塑一周宽的凸棱。口径11.8、高13.2厘米。

罐（TS24E35②：12）

夹细砂灰黄色陶，下腹局部灰黑色。敞口，长颈微束，溜肩，鼓腹，圜底，腹最大径位于上腹部，上腹部1周贴塑1道宽凸棱，颈部至上腹部压印竖向粗绳纹，下腹部压印斜向粗绳纹，印纹较浅，局部纹饰模糊不清，内外壁表面部分脱落、剥层露胎，胎灰黑色，胎体较薄，胎质较为疏松。口径11.2、高17.4厘米。

罐（TS24E35②：15）

　　泥质棕黄色陶，下腹部至底部残缺。直口，圆唇，唇缘内敛，长颈，颈肩交接处有二道竹节状凸棱，折肩有双耳，下腹斜收。唇缘外侧有一周凹弦纹，颈部刻划多线三角形纹饰，肩部至腹部拍印云雷纹，刻划及印纹清晰，陶质比较细腻。口径14.4、残高19.6厘米。

罐（TS24E35②：26）

夹细砂棕黄色陶。侈口，尖圆唇，长颈，溜肩，鼓腹，圜底，颈部以下压印斜向绳纹，印纹较浅，局部脱落、剥层露胎，胎灰黑色，胎质较为疏松，内壁留有手制压印凹痕。口径13.6、高14.8厘米。

罐（TS24E35②：30）

敞口，圆唇，长颈，溜肩，鼓腹，圜底，腹最大径位于腹上部，颈部以下压印竖向中绳纹，肩部一周贴塑一道宽的凸棱，颈、肩交接处未见粘接痕。口径17.2、高25.8厘米。

罐（TS26E33 陶片堆 4：5）

夹粗砂棕黄色陶。敞口，尖圆唇，束颈，溜肩，鼓腹，圜底，腹最大径位于下腹部。颈部以下压印粗绳纹，局部交错，表面有脱落、剥层露胎，胎黑色，胎质较为疏松。腹内壁有凹凸不平的垫窝。口径9.2、高10.6厘米。

罐（TS26E33 陶片堆 5：4）

夹细砂灰黄色陶，腹局部灰黑色。侈口，尖圆唇，长颈微束，溜肩，鼓腹，圜底。颈部以下压印竖向粗绳纹，表面有脱落、剥层，印纹较浅，纹饰模糊。腹内壁至底部有凹凸不平的垫窝。口径 13.4、18 厘米。

罐（TS8E7②：50）

夹细砂灰陶，局部灰黑色。敞口，圆唇，高领，束颈，溜肩，鼓腹，圜底。颈部以下压印斜、横向粗绳纹，局部较错，印纹较浅，局部模糊不清，颈部有拉坯轮弦纹。口径10.4、高11.9厘米。

罐（TS7W6③：29）

夹细砂灰黄色陶，敞口，方唇，唇缘微内凹，束颈，溜肩，鼓腹，圜底，腹最大径位于腹上部。颈部以下压印斜向粗绳纹，下腹部至底部有交错。内腹壁至底部有手制遗留的凹窝痕。口径16.6、高13.4厘米。

罐（TS8E7②：68）

夹细砂灰黑色陶。侈口，圆唇，长颈微束，溜肩，鼓腹，上腹部 1 周有较宽而且不规则的凸棱。颈部以下压印粗绳纹，腹下部有交错，印纹浅平。内腹壁至底部有手制遗留的凹窝痕。胎质较硬，火候较高。口径 10.8、高 16 厘米。

杯 （TS24E35②：3）

　　夹细砂灰黄色陶，器型不甚规整。侈口，尖圆唇，斜腹，底微平。外腹壁有五道凹弦纹，内外壁表面部分有脱落露胎，胎灰黑色较薄，胎质比较疏松。口径9.2、底径6.8、高6.5厘米。

杯（TS24E35②：7）

夹细砂棕黄色陶，局部灰色。敞口，圆唇，斜腹，平底，近底部有浅的手指压印痕。口径8.8、底径5.1、高4.9厘米。

杯（TS27E33 陶片堆 5：11）

　　灰色印纹硬陶，器型不规整。敞口，尖唇，斜直腹，饼足内凹，近底部有一道竹节状凸棱，腹底交接处有 1 周宽的凸棱，腹部刻划复线倒三角形纹，腹、底分别制作后粘结而成。胎质坚硬，火候较高。口径 6.6、足径 8、高 8.2—9 厘米。

杯（TS27E33 陶片堆 6：10）

夹粗砂灰陶，器表呈色不一，局部黑色。侈口，尖圆唇，斜腹，饼足内凹，表面严重脱落，并裸露石英粗砂粒。口径8、足径5.4、高6.9厘米。

杯（TS26E32 ③：8）

　　灰色印纹硬陶。敞口，尖圆唇，斜直腹，饼足内凹，下腹部有1道凸棱，腹、底交接处有1周宽的凸棱，腹部刻划连续的3线云雷纹饰，足底部有手捏褶皱，胎质坚硬，火候较高。口径9、足径11.2、高9.9厘米。

杯（TS26E32 陶片堆 2：14）

　　夹粗砂灰黄色陶。敞口，圆唇，斜腹，饼足微内凹，器表全部脱落，观察不到纹饰。圈足内外有手指压印凹痕。口径 8.6、足径 6.6、高 6.8 厘米。

钵形釜 （TS24E35②：5）

夹细砂棕褐色陶。敞口，方唇，弧腹，圜底，器表压印斜向中绳纹，局部重叠交错，内壁下腹部至底部留有手制形成的凹窝痕，表面局部剥落露胎，胎黑色，胎体较薄，胎质较为疏松。口径32、高14厘米。

钵形釜 （TS24E35②：9）

夹细砂棕黄色陶，局部灰黑色。敛口，方唇，弧腹，圜底，器表压印斜向粗绳纹，局部交错，印纹较深，纹饰清晰，内腹壁留有手制形成的凹窝痕，胎体厚重、胎壁薄厚不均。口径41、高25.2厘米。

钵形釜 （TS24E35 ②：10）

夹细砂棕褐色陶，局部灰黑色。敛口，方唇，唇缘外凸，弧腹，圜底。器表压印粗绳纹，局部重叠交错，印纹较深，纹饰清晰，内壁腹部留有手制形成的凹窝痕。口径30.6、高19.2厘米。

钵形釜 （TS8E6②：15）

　　夹细砂棕褐色陶。局部褐色，胎体较薄。敞口，方唇，弧腹，圜底。器表压印斜向粗绳纹，局部交错，印纹较深，纹饰清晰。内壁下腹部至底部留有手制形成的凹窝痕，底部局部脱落露胎，胎灰色，胎质较为疏松。口径31.6、高14.8厘米。

钵形釜 （TS24E35②：23）

夹细砂棕黄色陶，敛口，斜方唇，唇缘外凸，弧腹，圜底，器表压印斜向粗绳纹，局部重叠交错，印纹较深，纹饰清晰。内腹壁有手制形成的凹窝痕。口径38、高15.4厘米。

钵形釜 （TS24E35②：24）

夹细砂棕黄色陶，局部灰褐色。敛口、方唇，弧腹，圜底，器表压印竖向粗绳纹，表面脱落严重，纹饰大部分模糊不清，内腹壁至底部留有手制形成的凹窝痕。口径33.2、高19.4厘米。

钵形釜 （TS24E35②：25）

夹细砂棕黄色陶，局部灰褐色，胎体较薄。敛口，方唇，唇缘微外凸，弧腹，圜底，器表压印斜向粗绳纹，底部交错，纹饰深浅不一，内壁腹部至底部留有手制形成的凹窝痕，胎体较薄。口径34.4、高17.8厘米。

钵形釜 （TS24E35②：28）

夹细砂棕黄色陶，局部灰黑色。敛口，方唇，弧腹，圜底，器表压印斜向中绳纹，局部交错，印纹较浅，纹饰比较模糊，表面有剥落，局部露胎，胎黑色，胎质较为疏松。内壁腹至底部留有手制凹窝痕。口径34、高17厘米。

钵形釜 （TS24E35②：29）

夹细砂灰黄色陶，局部灰黑色。敛口，方唇，弧腹，圜底，器表压印斜向粗绳纹，局部交错，印纹深浅不一，内壁腹部至底部留有手制形成的凹窝痕。口径35.6、高20厘米。

钵形釜 (TS24E35②:31)

夹粗砂棕黄色陶,局部黑色。敛口,方唇,弧腹,圜底,器表压印斜向粗绳纹,局部交错,内壁腹部有手制形成的凹窝痕,表面有脱落,局部露胎,胎黑色,胎质比较疏松。口径36.6、高16.6厘米。

钵形釜 （TS24E35②：32）

　　夹细砂灰黄色陶。敛口，圆唇，弧腹，圜底，器表压印斜向粗绳纹，局部交错，印纹较浅，表面脱落、剥层，局部露胎，胎灰色，胎质比较疏松，内壁腹部留有手制形成的凹窝痕。口径32、高16厘米。

钵形釜 （TS24E35②：34）

夹细砂灰黄色陶。敛口，圆唇，弧腹，圜底，器表压印斜向粗绳纹，局部交错，印纹较浅，表面脱落、剥层，局部露胎，胎灰色，胎质比较疏松，内壁腹部留有手制形成的凹窝痕。口径32、高16厘米。

钵形釜 （TS24E35 ②：35）

夹细砂棕黄色陶，局部灰黑色。敛口，方唇，弧腹，圜底，器表压印斜向中绳纹，印纹较浅，表面大多脱落，纹饰模糊不清，口沿薄厚不均，内壁腹部留有手制凹窝痕，外壁腹部可见二次贴片痕。口径30.2、高14.2厘米。

钵形釜 (TS24E35②:36)

夹细砂棕黄色陶，局部灰黑色。敛口，方唇，弧腹，圜底，器表压印斜向粗绳纹，局部交错，印纹较浅，局部纹饰比较模糊，内壁腹部有手制形成的凹窝痕。口径32.4、高17.2厘米。

钵形釜 （TS26E33 陶片堆 4：4）

夹细砂灰黄色陶，器表呈色不一，局部灰黑色。敞口、方唇，弧腹，圜底。器表压印斜向粗绳纹，印纹深浅不一，浅处模糊。内壁下腹至底部留有手制形成的凹窝痕。口径 36.8，高 18.6 厘米。

钵形釜 （TS27E33 陶片堆 5：37）

夹粗砂红褐色陶，口沿薄厚不均。敞口微敛，方唇，深斜弧腹，圜底。器表压印斜向粗绳纹，印纹较浅，部分纹饰模糊不清，表面有脱落、剥层，并裸露石英粗砂粒，内腹壁留有手制所形成的凹窝痕。口径 39.6、高 25 厘米。

器盖（TS27E32③：4）

　　夹粗砂灰黄色陶，局部灰黑色。斗笠形，沿敛口，圆唇，近圈足形钮，钮与盖顶交接处有手指压印痕。器表压印竖向粗绳纹。盖径14.6、钮径5.2、高7厘米。

纺轮（TS8E7②：21）

夹细砂灰陶，器表呈色不一，局部灰白色。器算珠形，中间单向穿孔。上径2.5、下径2.5、外径3、孔径0.3、厚1厘米。

纺轮（TS8E7②：49）

夹细砂棕褐色陶。器饼形，中间单向穿孔，正面围绕中心有2圈间隔有序的戳点纹。表面用细泥抹光。直径3.9、孔径0.5、厚0.9厘米。